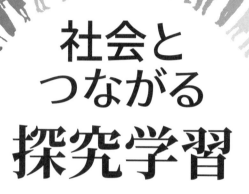

社会と
つながる
探究学習

生徒とともに考える
22のテーマ

全国民主主義教育研究会［編］

明石書店

はじめに

　選挙権年齢や裁判員資格年齢、成年年齢が18歳に引き下げられたことを受け、主権者教育や市民性を育む教育に注目が集まっています。そんな中、2022年4月からは高校においても新学習指導要領が順次適用され、主体的・対話的・深い学びを志向する探究的な学習に向けた取り組みがいよいよ本格的に始動しました。

　本書は、探究学習に関心を持ち、実践してみようと考えている高校・中学校の教員や教職志望の学生を主たる読者として想定しています。しかし、それだけでなく、本書が示す社会とつながる22のテーマに関心を寄せる市民の皆さんにも読んでいただきたいと考えました。そこで、本書は、第1部において探究学習の理論と方法を提起したのち、第2部で学習を通して社会とつながる方法を示しています。そこでは、社会との積極的なつながり＝社会に向けたアクションをするため、教員と生徒がともに取り組むことができるような事例を紹介しています。そして、第3部では現代社会が抱える22のテーマを取り上げ、各々の課題を探究的に学習するためのコンテンツと方法を提案できるように編纂しました。

　高校「公民科」、中学校「社会科」あるいは「総合的な探究の時間」などの手引きとして、あるいは現代的な課題と学習をつなぎ、考えるための手掛かりとして本書を活用していただければ幸いです。

本書の特徴と構成

(1) 本書の特徴

　本書は、探究テーマのコンテンツを学習にきちんと位置付けるとともに、高校生や中学生が社会とのつながりを意識し、社会的な課題の背景を探ったり、問いを立て、資料を集め、分析し、皆で学び合ったりする方法を紹介しています。一般に社会とつながる方法をイメージするなら、生徒は署名や寄付を、教員は運動体の設立やデモ参加を想像するかもしれません。しかし実際の社会とのつながりは、こればかりでなく、日常生活の些細な動きから本格的な問題解決行動まで様々なレベルでの関わり＝アクションがあることがわかります。本

書は、それらを意識し可視化することで社会に関与するスキルの獲得やアクションするためのヒントを紹介してみました。社会の一員として生徒が社会・政治・経済とのつながりに気づき、主権者として・市民として・成年として成長＝エンパワーできることを目指しています。

(2) 本書の構成と使い方

　本書は、全体が3つの内容によって構成されています。

　第1部は、「探究学習の方法」です。探究学習のプロセスを、課題の設定、情報の収集、整理・分析、探究のまとめ、アクション、評価というステップごとに整理し、紹介しています。探究学習とは何か、どのように展開していくのがよいのかなど、探究学習の理論や進め方などに関心のある読者の皆さんは、ぜひこちらをお読みください。

　第2部は、「社会とつながる方法」です。生徒のみならず大人までもが自身と社会とのつながりを意識しづらくなっているのではないかという問題意識から、学習を通して社会とのつながりを可視化し、実際に社会と関与して何らかの変化を起こそうとする様々な方法を示しています。社会に関与するスキルをどうやって身につけたらよいか、その手がかりを得たい読者の皆さんにはお薦めのページとなっています。

　第3部は、「生徒と探究したい22のテーマ」です。ここでは、現代社会の課題を9つの分野に整理し、その中から22のテーマを取り上げています。いずれも唯一の正答があるわけではなく、現在進行形で考え続けなければならないテーマとなっています。本書では、全国の学校で行われている実践をベースに、探究学習の手掛かりとなるように全体が編纂されています。本書の実践と同じようなスタイルで展開することも、これらの実践を部分的に改編する形で展開することも可能です。これらのテーマに関心のある読者の皆さんは、興味のある課題を切り口にして探究学習にチャレンジしていただければ幸いです。

　最後になりましたが、本書の出版に際しては、明石書店の神野斉編集部長に大変お世話になりました。本書の意義をご理解いただき、きめ細かなサポートをいただきましたことに心より御礼を申し上げます。

『社会とつながる探究学習』編集委員会（吉田俊弘）

目　次　社会とつながる探究学習

第2部　社会とつながる方法

第1部
探究学習の方法

総論　「探究」を俯瞰する──不安を抱く教師たちへ

前田 輪音

1　はじめに　なぜ「探究」なのか　その社会的背景

　昨今、変動性・不確実性・複雑性・曖昧性の高い社会（ＶＵＣＡ社会）と言われ、対応する能力育成の必要性が指摘されている。例えば新型コロナウイルスの感染防止策などは、その最たる例であろう。これまでの科学・技術・学問の枠組みでは解決しえない問題が出現している。「21世紀型学力」が提唱されたのは、このような背景がある。

　ＶＵＣＡ社会においても問題への対処は必要である。適切な対処策（正解）が見いだしにくい・あるいは一義的には定まらないとしても、問題の根本的な原因を追究したり、現状を把握したり、解決方法を探ったり、解決策により近いものを選択・判断すること、などが求められる。

　特に、後期中等教育における探究テーマは、従来の社会的課題（例：貧困、差別、労使問題、環境）に加え、ＶＵＣＡ社会で発生する事柄も含まれる。これら「現代の諸課題」を「追究」「解決」する活動を通して、「主体的に生きる平和で民主的な国家及び社会の有為な形成者に必要な公民としての資質・能力」（学習指導要領「公共」の「目標」）の育成が求められている。

2　探究的な活動の片鱗は昔から・どこででも見出される

　日本では、すでに大正自由教育（大正新教育）の時代から探究学習の萌芽がみられる。たとえば、木下竹次は『学習原論』（1923年）等で「学習法」を提唱し、独自学習→相互学習（分団（相互）学習・学級（相互）学習）→（第二次）独自学習というステップを提示し、勤務校の教師集団により実践がつくられ・積み重ねられた。戦後の新教育においては、附属学校・実験学校等を中心に生活単元学習や問題解決学習が行われた。いずれにも、探究の片りんの存在が想像される。

　探究的な学びの姿は現代の小学校低学年にもみられる。例えば「生活科」で校区のフィールドワーク後に教室で、見て触れた事柄を共有する場を想像してみる。建物の所在や種類、△〇商店は何屋さんか？、信号の設置場所の共通点は？……、等と学級で確認・考えあうのは、探究の姿といえよう。

　だが、探究学習は探究的な学びそれ自体を意識的・組織的に組み立て、何をどのように探究する場・機会をつくるかが問われている。

3　探究のサイクルはなじみ深い過程

　新学習指導要領では、「探究における生徒の学習の姿」として次の図（高等学校学習指導要領解説「総合的な探究の時間編」12頁より）を示している。

　サイクル「課題の設定」→「情報の収集」→「整理・分析」→「まとめ・表現」が、一巡、二巡、三巡と高められていく図である。本書では「まとめ・表現」の先に「アクション」→「評価」も位置付けられている（第1部参照）。

探究における生徒の学習の姿

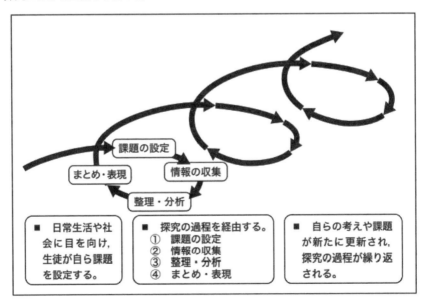

11

　授業研究もこのサイクルに似ている。教職大学院生を例にとると、理論や先行実践を調べ検討する過程のなかで目指す授業像(＝課題の設定)が明らかになっていく。それが定まってきたら、さらに関連する理論と先行実践の検討を重ね(＝情報の収集その1)、目指す授業像が焦点化されていく。教育実習(実地研究)での実践の場を活用しながら、教科・単元を選定し、目指す授業を具体化すべく単元の指導計画・指導案を作成し、実践し、授業の録画や感想等を集める(＝情報の収集その2)。得られたデータから大学院で分析を進め(＝整理・分析)、何ができて(成果)・何ができなかったのか(課題)、等を論文にして報告する(＝まとめ・表現)。教師の授業づくりもこれに準じるのではないか。
　このように、探究の在り方は決して目新しいものではない。

4　本書で想定されている教科・科目・時間、そしてテーマ

　新学習指導要領では、高等学校新設科目名に「○○探究」が複数あり、多様な教科・科目で探究的な実践が求められている。本書では主に公民科(「公共」・「政治・経済」「倫理」・「現代社会(前学習指導要領)」)や「総合的な探究の時間」、中学校社会科の実践を想定し、22のテーマを設定し実践事例もしくは実践案を示す(第3部参照)。
　もちろん、各教科・科目は独立して存在するのではなく、他の教科に隣接・関連する内容(例；環境問題)をも有する。探究のテーマも複数の科学・技術・学問にまたがる教科横断的なものもありえる。ゆえに、本書で提示したテーマを手掛かりに、提供したいと考える探究学習とそのテーマをつくり、いかなる課題に学び手が到達できるか・すべきか、構想する必要もでてくるだろう。

5　探究の多様な仕掛け――方法・形態・全体の構成（流れ）・外部連携

　教師は探究学習を組織・提供・運営する立場である。方法・形態・全体の構成は、テーマの内容に影響されるし、地域や生徒の現状を踏まえる必要がある。最適なものに構成することが求められる。
　しかし、そもそも、学習の方法・形態は多様である。前述した(本章第2節)独自学習・相互学習を含め学習の形態は多種多様であり、学習の場も同様であ

る。一斉学習、話し合い、討論、ワークショップ、ディベート、教室外(学校外)での学習、地域の人たちとの交流、等、多様である。

　調査と一口で言っても、文献調査、ウェブ検索、メディア検索、対象者の聞き取り、アンケート調査等、多様である。聞き取り対象も多様な外部の機関(公的機関、大学、研究所、研究者、市民等)が想定されるし、聞き取り調査も、ウェブ上での調査や、対面での街角アンケート等、多様である。

　18歳選挙権とともにその必要性が注目された「主権者教育」では、外部機関との連携が推奨されている。文献やウェブ上では出会えないものが、外部機関との直接の連携により出会える場合もある。アクションへの道筋も得られることもあるだろう。どことどのようにつなぐかは、教師の腕の見せ所である(第2部参照)。

6　改善のくりかえし――社会の課題と探究における課題ともに

　探究への道に適切に導くことができれば、用意した仕掛けがうまくはたらけば、生徒は自ら考え・動き始め、探究の歯車は動き出す。動きが鈍くても、柔軟な変更により探究の世界にいざないうるだろう。

　道筋を示しても、なお要所要所での対応は必要だ。ウェブ検索では情報リテラシーが必要だし、サイト情報の集約・提示が必要な場合もある。学校外の調査では、調査先の情報や現地でのふさわしい振る舞いも求められる。組織・提供・運営しつつ、学び手一人ひとりに対し、ときにファシリテーターとして、ときにフォロワーとして接することも忘れてはいけない。

　社会の課題は簡単には改善しない。探究学習によりさらなる「課題」が明確になれば、それは成果の一つと言えよう。おそらくそれは、探究の二巡目、三巡目の入り口なのかもしれない。

　本書が読者の皆さんの大胆なチャレンジの一助になれば幸いである。

【文献・資料】
佐藤浩章編著『高校教員のための探究学習入門　問いからはじめる7つのステップ』ナカニシヤ出版、2021年
田村学・佐藤真久監修『探究モードへの挑戦』(生涯探究社会の創出シリーズ)人言洞、2022年
堀尾輝久×降旗信一「対談　コロナ時代の教育と環境」『月刊　社会教育』781号(2021年6月号)

1　課題の設定——問いを立てる

中平 一義

1　はじめに

　社会科(社会系教科目)の教員にとって問いは身近な用語である。一方で同じ問いという用語を使用しながらも、その意味するところには"ずれ"があることが見られる。そこで本章では、問いについてその対象と構造の二つの側面から整理し、問いを立てること(自ら探究する課題の設定)について考えたい。

2　問いの対象

　問いとは、誰にとって、誰が示すものなのだろうか。さらに言えば、何を問うものなのだろうか。まず、問いをめぐる対象について考えていきたい。
　近年改訂された現行の社会科(社会系教科目)の学習指導要領では、ひとつ前の学習指導要領よりも問いという用語が多数使用されており、その重要性を把握できる[1]。ここで学習指導要領の問いに関する記述を参照したい。

　単元など内容や時間のまとまりを見通した「問い」を設定し、「社会的な見方・考え方」を働かせることで、社会的事象等の意味や意義、特色や相互の関連等を考察したり、社会に見られる課題を把握してその解決に向けて構想したりする学習を一層充実させることが求められる。(文部科学省、2019、p.9)

　上記を参照すると、問いは学習の方向を導くものであることがわかる。それは、生徒が社会にみられる課題を把握するためのものであり、考察するものであり、解決に向けて構想するためのものであるとされている。そのような意味では、教師の発問がそれにあたるだろう。ただし、その発問は単に学習内容を理解させるといった、いわゆる一問一答のようなものではない。発問された生

徒が教師からの問いを基にして、自ら探究したくなるようなものである。

　問いについて谷川（1979）は、ある問題に対してそれぞれの（子どもの）立場から行われるものであるとした。それは、単に主体内部の問題ではなく、問いの内容や問いの相手との緊張関係のもとでのみ成立するという。つまり、「ある一定の輪郭を持った問題に対する問いという関係」によって生じるものであるという。以上から問いの対象についてまとめると、教師にとっては学習を導くために生徒に対して示す問いと、生徒自身にとっては教師が示した問いや教育内容そのものに対してより探究したくなる時に生じる問いがある。

3　問いの構造と探究する問い

　次に、第2節で考察した問いの対象とその関係性を基にして構造について考察する。ここでは教師が学習を導くために生徒に示すものを問いとし、生徒の中で生じる問いを深い問いとして区分する。これら二つに大別される問いを社会科教育における知識類型[2]の一部を活用して整理すると表1のようになる。なお、具体的な事例として民主的な政治制度を例示した。

表1　社会科教育における知識類型と問い

	知識類型	教師からの問い	生徒の中で生じる問い（深い問い）	民主的な政治制度を例に
高次 ↕ 低次	規範的知識	・社会的課題に対して自分の立場を考えさせるように問う。	・問いの内容や問いの相手との緊張関係により生じる探究し続ける問い。（深い問いになる）	・人々の意見をより政治に反映できる、より優れた政治制度は何か。それはなぜか。どのように実現するのか。（未来形のHow+Whyの問い）
	概念的知識	・社会的課題の輪郭を理解させるように問う。	・見方・考え方を使用して考える問い。（深い問いにつながる可能性がある）	・民主主義を政治に反映する仕組みはどのようなものがあるか。なぜそのような仕組みがあるのか。何か課題はあるか。（現在形のHow+Whyの問い）
	事実的知識	・用語の内容や名称などを問う。	・調べれば容易にわかる問い。（深い問いではないが必要）	・衆議院の選挙制度は何か。（What、When、Who、Whereの問い）

＊筆者作成

　まず事実的知識に分類される問いは、用語の内容・名称などの基本情報である。生徒にとっては教科書等で調べれば容易にわかる問いである。民主的な政治制度を例にすれば、教師が「衆議院の選挙制度は何か」と聞き、生徒が「小選挙区比例代表並立制」と答える問いである。いわゆる5W1Hで言えば、What（何）、When（いつ）、Who（誰）、Where（どこ）をたずねる（答える）ような問いである。なお、この部分だけでは深い問いにはならないが後述するように必要なものである。

　次に概念的知識に分類される問いは、社会的課題の輪郭を理解させるような概念についてである。現行の学習指導要領に合わせて言えば、見方・考え方を使用して考える問いでもある。教師が「民主主義を政治に反映する仕組みにはどのようなものがあるか。なぜそのような仕組みをとっているのか。民主主義を政治に反映させるための課題は生じているか」と聞き、生徒が「議院内閣制や大統領制がある。日本は議院内閣制である。なぜなら日本の近代化の中で参考にした制度であり、日本の国の仕組みに合っていたからである。内閣と議会が権力を分立していたりするなどチェックアンドバランスが保たれる良さがある。しかし、だれが首相になるのかなどに民意が反映させにくいといった課題がある」と答えるものである。これは、現在形のHow（どのような）+Why（なぜ）をたずねる（答える）問いである。

　最後に規範的知識に分類される問いは、社会的課題に対して自分の立場を考えさせるように価値観を揺さぶるものである。価値観を揺さぶるものとは、課題に対してこれまでの自分の価値観を揺るがすような考えを学んだり、他者と考えを共有する中で気がついたりすることにより生じる問いである。生徒が自ら問いを立て探究できる問いである。例えば、民主主義を政治に反映させるために概念的知識で課題の輪郭を理解し、それを解決するために自分はどのような立場をとるのか、それはなぜかを探究し一定の解決策やアイデアなどを導き出すものである。具体的に言えば、「選挙制度をより民意が反映するために多くの人が投票するようになる制度に修正する。その方法として○○がいい。なぜなら……」といったものである。これは、未来形のHow（どのような）+Why（なぜ）をたずねる（答える）問いである。なお、未来形のHow（どのような）+Why（なぜ）には、「どのような行動をとるか。それはなぜか」といった生徒自身に何ができるのかを問うという意味も込められている。生徒が問題

意識をもち問いを立て課題設定をする場面であるとともに、課題解決のために社会への参加・参画につながる場面である。

　ところで、高次と低次の問いはどちらが優れているというわけではなく、どちらも必要なものである。なぜなら、何かを考えたり調べたり他者と考えを共有したりする際に共通の意味を持つ言葉は必要になるからだ。さらに言えば、これからの社会を考えるために、これまでの人類の英知を理解する必要があるからだ。社会科（社会系教科目）は内容教科であるからこそ低次と分類したものから高次に至るまでのすべてが必要になる。ただし、学び方については必ずしも低次から高次に向けて行うものではない。生徒の実態に応じてどこからはじめても良いだろう。高次の問いを追究する中で低次の知識を獲得する可能性も十分に考えられるからである。

4　まとめ——問いを立てる

　先に社会科は内容教科であるとした。それは、内容だけをたくさん教え込むことに特化するのではない。その内容を踏まえていかに使いこなすのかが大切なのである。そのような意味では、社会科は「観」を育成する教科でもある。つまり、「在り方・生き方」を育成する教科である。課題は教師から示してもいいがどの知識を扱っているのかを意識したい（させたい）。そして、最終的には生徒が自ら課題意識をもって問いを立て探究し「観」を育んでいくことができるように授業を構想・展開したい。

【注】
1) 社会科（社会系教科目）の以前の学習指導要領（2008年、2014年一部改訂）と改訂された現行の学習指導要領における「問い」の出現回数について中学校の解説社会編を例にすると、以前9か所、現行78か所と大幅に増加している。
2) 社会科教育における知識類型については、森分（1984）を参照。今回は紙幅の都合により手続的知識など知識類型の詳細な分類は省略した。

【文献・資料】
谷川彰英『社会科理論の批判と創造』明治図書、1979年
文部科学省『高等学校学習指導要領解説公民編』教育出版、2010年
文部科学省「高等学校学習指導要領（平成三十年告示）解説公民編」東京書籍、2019年
森分孝治『現代社会科授業理論』明治図書、1984年

2　情報の収集——適切な方法で適切な内容を

渡邊　弘

1　はじめに

　探究では、生徒の主体性がより重視される。教科書や、あるいは教師が与え
た資料などの枠内だけで学習するのではなく、素材そのものを生徒自身が収集
することが必要となる。とはいえ一方で、学習の目標を達成するためには、教
師の指導性が発揮されることも重要である。

　ここでは、第2節で探究における情報収集の位置づけを学習指導要領に沿っ
て概観した上で、第3節で適切な情報収集方法の指導、第4節で収集した情報
の適切さの判断に関する指導について確認し、さらに、第5節において、指導
にあたって活用することのできるティップス(工夫・コツ)を提供したい。

2　育成を目指す資質・能力と情報の収集との関係

　高校学習指導要領「総合的な探究の時間」では、第2の「3　各学校において定
める目標及び内容の取扱い」の(6)で「探究課題の解決を通して育成を目指す具
体的な資質・能力」が挙げられている。その中で情報の収集は「イ」の「思考力、
判断力、表現力等」と関係づけて取り上げられている。この点は極めて重要で
ある。

　すなわち、設定した探究課題に関連する情報をただ思いつくままに集めれば
よいのではない。探究課題、問い、仮説などとの関係をふまえ適切な情報収集
の方法や対象を考えさせること、収集した情報の内容が探究課題などに照らし
て、また生徒が有する既存の知識や人類の学問的蓄積から見て適切かどうかを
判断させることが重要なのである。そこでは教師による指導が求められる。

3　「ググって終わり」からの脱却——適切な方法による情報収集を実現する指導

　インターネットやスマートフォンが普及した現在、生徒は安易に検索エンジンを用いて情報を検索し、ヒットした結果をいくつか集めてこと足れりとする場合がある。あるいは、適切な検索語を思いつくことができないため、少し検索しただけで「情報が見つかりません」と言う場合もある。情報収集の適切な方法を指導することは必要不可欠である。

　第1に指導しなければならないのは、情報との日常的な接し方である。自分の好む情報ばかりが手元に集まってしまうフィルターバブルやエコーチェンバーの危険を避けるためには、テレビのニュース番組・ドキュメンタリー番組や紙の新聞など、いわゆる「オールドメディア」の効用を改めて確認する必要がある。検索エンジンを用いる場合でも、適切な検索語を幅広く考えつくことができるかどうかは、探究における情報収集の成否に直結する。例えば紙の新聞は、その一覧性や網羅性ゆえに、生徒があまり関心を抱いていない分野の情報も必然的に目に入ることとなり、知識の幅を広げる効果が期待できる。検索の際に適切な検索語を用いるためには、日常的な情報接触の改善へ向けた指導が普段から必要であろう。平成30年告示の学習指導要領では、総則その他において新聞の活用が従前よりさらに重視されていることにも留意したい[1]。
➡129ページ

　第2に、情報の収集は、方法によっては人権を侵害したり、調査・収集の過程で情報自体を不適切に変容させてしまったり、調査対象の迷惑になったりする危険性がある。現在では大学や研究機関における調査活動でも、人を対象とした調査を行うためには厳しい倫理審査をクリアする必要がある。例えばアンケート(質問紙調査)を行う場合には、質問項目や選択肢などの文言が人権を侵害するようなものになっていないかといった点を検討することは必須である。また、文献調査でも判明するようなことについてインタビュー調査を行うのは、被調査者の時間と労力を不当に奪うことになる。これら調査に伴う問題点については、宮本・安渓(2008)が参考になる。特に生徒は、安直にアンケートをとりたがる傾向にある。それが本当に必要かどうか、問い返したい。

　第3に、ネット情報だけではなく、紙の情報の活用についても重点的に指導する必要がある。学校図書館や公共図書館での書籍・雑誌・資料などの検索方法や司書教諭・司書への相談方法など、基礎的な技能を身につけさせたい。国
➡129ページ

立国会図書館や公共図書館などのウェブサイトを活用して紙の資料へたどり着く方法も指導したい。

4　内容の適切さを判断することの重要性

生徒が集める情報は玉石混淆である。情報の内容の適切さを確認する方法の指導や、不適切な情報に関する指導が求められる。

第1に、集めた情報の適切さを生徒自身に判断させる指導を行いたい。同じ事柄に関する情報でも、例えば調査の方法や対象が違えば結果が異なる場合がある[2]。複数の情報源に当たらせ、それらの情報を突き合わせて適切さを判断することを習慣づけさせたい。

第2に、生徒が有する既存の知識と、新たに収集した情報との異同に留意させたい。両者に違いがある場合には、それが新たな情報収集のきっかけになったり、探究課題などを再考することにつながったりすることで、学習がより深化する契機となり得る。

第3に、これまでの学問的蓄積から見て不適切な情報や誤った見解については、教師がその点を指摘し、指導する必要があろう。探究にあたってまず重要なのは「巨人の肩の上に立つ」ことである。

5　情報収集の指導に関するティップス

(1)　利用価値が高い資料
　①官庁の白書・青書・年次報告書など

政府が調査した基本的なデータや各省庁の政策について概観する際に便利である。書籍版もあるが多くはウェブサイトでも無料で公開されている。白書などについては国立国会図書館のウェブサイトに一覧のリンクがある(https://rnavi.ndl.go.jp/jp/politics/JGOV-hakusyo.html)。

　②e-Stat　政府統計の総合窓口(https://www.e-stat.go.jp/)

政府が調査した統計の多くを取得することができる。

　③報道各社の年鑑

読売新聞東京本社が『読売年鑑』を、共同通信社が『世界年鑑』を発行している。

時事的な探究課題の設定やできごとの時系列的な把握などに役立つ。

④『理科年表』

国立天文台が発行する自然科学に関するデータ集である。

⑤NHK放送文化研究所（https://www.nhk.or.jp/bunken/）

生活や意識、文化などについて詳細な調査結果がまとめられている。生徒がアンケートを安直に実施しようとしている場合などに紹介したい。

（2）データの取扱い

数値を含むデータについては、①暗数の存在や②割合と実数の違いについて留意したい。①例えば犯罪の件数などは、警察が検挙していないものは含まれていない場合がある。また、②例えば工業製品などのシェアの推移は、販売総数が変わることで販売実数の増減とはずれが生じる場合がある。

（3）教師が情報収集・情報活用の指導に習熟する必要性

生徒を指導するには、教師自身が情報収集の方法に習熟する必要がある。また、生徒が気付いていない情報源をサジェストする必要がある場合もあろう。なお、参考文献から得られた情報を自分の考えのようにレポートに書き写すことは剽窃になるので、適切な引用方法の指導も必要になる。下記参考文献なども利用しつつ、充実した指導ができるように努力したい。
➡27ページ

【注】

1）高校学習指導要領の平成21年版と平成30年版を比較すると、「新聞」という単語の出現回数は6回から18回へ3倍増となっている。

2）例えば日本の労働者の労働時間は、総務省統計局の「労働力調査」と厚生労働省の「毎月勤労統計調査」が調べている。前者は世帯、後者は事業所が調査対象であることによる結果の違いがある。統計データを扱う際には、その定義、調査対象や回答者の範囲、調査時期などのほか、得られた結果は何を示唆しているかなどを確認しておく必要がある。

【文献・資料】

宮本常一・安渓遊地『調査されるという迷惑』みずのわ出版、2008年

市古みどり編著『アカデミックスキルズ　資料検索入門』慶應義塾大学出版会、2014年

中島玲子・安形輝・宮田洋輔『スキルアップ！　情報検索（新訂第2版）』日外アソシエーツ、2021年

入矢玲子『プロ司書の検索術』日外アソシエーツ、2020年

熊田安伸『記者のためのオープンデータ活用ハンドブック』新聞通信調査会、2022年

小林昌樹『調べる技術』皓星社、2022年

3　整理・分析──学び合う・論じる

村井 大介

1　はじめに

　情報を整理・分析することのねらいは、探究目的や設定した問いに即して、収集した情報を根拠に、考察を深め、考察した内容を他者へ明確に伝えられるようにすることにある。収集した情報を整理・分析する過程は、既存の知を単に消費するのではなく、新たな知を創出していく上で不可欠なものである。収集した情報をもとに、探究者のオリジナルな考察へと導くことが重要になる。

　しかしながら、収集したデータにどのように向き合い、考察を深めればよいのかは、探究者の直面する課題であるといえる。そのため、本章では、収集した情報の種類に応じた整理・分析の仕方を論じた上で、収集した情報から考察を深めるための手立てを明らかにする。具体的には、第2節で様々な情報の整理・分析の仕方について論じる。その上で、指導する際に重要になる点に言及する。第3節では、個人への指導として、考察を深めて論じるために、様々な思考を働かせられるようにする方略を提起する。第4節では、集団への指導として、協同学習に着目し、考察を深めるために学び合う機会をつくることを提起する。

2　様々な情報の整理・分析の仕方

　一般的に多くみられる情報の整理・分析の仕方の一つに川喜多（1970）の考案したKJ法がある。ブレインストーミングと同様にアイデアを沢山だす方法である。一枚の情報カードに一つのアイデアを書き、内容の類似するカード同士でグループをつくり、グループ間の関係を矢印などで図示し、文章にまとめていく。複数のメンバーで話し合う場合の他に、文献から得た情報や質問紙の自由記述、インタビューの内容などを個人で整理・分析する際にも活用できる。

　また、情報を整理する上では、適宜、図表のかたちにまとめることが有効である。例えば、グラフや年表、主題図などにまとめたりすることが考えられる。こうした図表によって、分析を深め、情報の提示を容易にすることができる。

　収集したデータによって整理・分析の仕方は異なる場合がある。インタビュー調査のデータを分析する際には、①音声情報を文字化する、②話された内容のまとまりごとにカテゴリーをつくる、③カテゴリー間の関係や他の事例との共通点・相違点を考察する、といった手続きがとられることがある。上野（2018）は、ＫＪ法を活用した分析方法を論じており、カテゴリー（A・B）間の関係は「因果関係（AだからB）」「対立関係（AしかしB）」「相関関係（Aと同時にB）」に整理できると述べている。インタビューの情報を扱う際には、必要に応じて匿名にするなど、調査対象者の人権や個人情報への配慮が求められる。

　質問紙調査のデータを分析する際には、①個票のデータをExcelなどの表計算ソフトに整理する、②単純集計を行う、③項目間の関係を分析する、といった手続きがとられることがある。回答が点数などの数値であるか、「はい／いいえ」などの選択肢であるかといった尺度の違いによって分析が変わることにも注意が必要である。豊田（2015）は、Webから無料で入手できる統計解析環境Rを高校生が使用できるようにわかりやすく解説しており、参考になるだろう。

　以上のように、探究目的やデータに応じた整理・分析が大切になる。データの分析方法を身に付けることは情報を読み解くリテラシーにもつながるだろう。

3　考察を深める視点をもたせるには——生徒を個別に指導する際のポイント

　収集した情報からどのように考察を深めていけばよいのかがわからずに、生徒が収集した情報をコピー＆ペーストするだけに留まってしまう状況に陥ってしまうことも考えられる。そのため、教師が生徒の考察を支援できるようにするためにも、また、生徒が自分自身の探究を自己調整できるようにするためにも、様々な思考の仕方を認識し、メタ認知できるようにすることが有効である。

　例えば、『高等学校学習指導要領（平成30年告示）解説　総合的な探究の時間編』（p.97）では、「順序付ける」、「比較する」、「分類する」、「関連付ける」、「多面的に見る・多角的に見る」、「理由付ける（原因や根拠を見付ける）」、「見

通す（結果を予想する）」、「具体化する（個別化する、分解する）」、「抽象化する（一般化する、統合する）」、「構造化する」といった「考えるための技法」を例示している。こうした考えるための技法や各教科で身に付けてきた見方・考え方を自在に働かせることが、考察を深めることにつながると考えられる。

　R.リチャートら（2015）は、思考を可視化し習慣化するために授業で取り入れることのできる様々なルーチンを紹介している。例えば、「考えを総合・整理するためのルーチン」の一つとして「つなげる・広げる・吟味する」をあげている。これは、読んだり見たり聞いたりしたことについて、①提示されているアイデアや情報は、もともと知っていたこととどう関連づけられるか、②発展させたり広げたりして考えるのに役立つ、どんな新しいアイデアが浮かんだか、③提示されているアイデアや情報に対して、どのような異議や疑問が心に浮かんだか、を考え、自問する作業である。このように収集したデータを考察する視点と考察するための時間を確保することが整理・分析を深める手立てになる。

4　考察を深める機会をつくるには——学級集団を指導する際のポイント

　生徒の考察を深めるには、生徒同士で学び合う機会を設けることも有効な手立てである。こうした生徒同士の学び合いには、協同学習がある。エリザベス・バークレイら（2009、pp.3-4）は、協同学習を「仲間と共有した学習目標を達成するためにペアもしくは小グループで一緒に学ぶこと」と説明している。その上で、大学教育を念頭に「話し合いの技法」「教え合いの技法」「問題解決の技法」「図解の技法」「文章作成の技法」に分けて30の技法を紹介している。ここでは、高校生の探究的な学習の整理・分析に応用できる活動を三つ取り上げる。

　一つ目は、「チーム＝アンソロジー」である。グループで探究テーマに関する
➡169ページ
資料集を作成する方法である。まず、探究テーマに関する資料を一人あたり5本から10本あげ、グループで価値の高いものを10本ほど選択する。次に、グループ内でペアをつくり担当資料を決め、ペア間で吟味した結果をグループで共有し、資料集を作成する。関連資料の多いテーマを探究する際に有効である。要旨や疑問点など資料集にまとめる内容も探究目的に即して決めるとよい。この方法は、教え合いの技法である「ジグソー」（最初に専門家グループで学習し、
➡121,151ページ

次に違う専門をもつ生徒同士でグループをつくり教え合う)にも応用できる。

　二つ目は、「ワード＝ウェッブ」である。中心となる単語や語句、疑問点を、全員で共有する用紙の真ん中に書き、メンバーは関連するアイデアを想起し、相互の関係を表す線や矢印などを書き込む方法である。関連する情報を結びつけて整理するとともに、その関係について分析することができる。メンバーを固定せずに取り組む用紙を自由に移動させ、生徒間の交流を促すこともできる。

　三つ目は、「アナリスティック＝チーム」である。「賛成者(同意できる点とその理由を列挙する)」「批判者(同意できない点、役に立たない点とその理由を列挙する)」「例示者(言及されている中心的概念の例をあげる)」「要約者(もっとも重要な点を要約する)」「質問者(課題について本質的な質問を準備する)」などの役割をメンバーに与え、資料を読んだり、発表を聴いたりする方法である。要約・関連づけ・批判といった分析的思考を意識させることができる。探究の中間発表をする際やグループで同一資料を分析する際に活用できるだろう。

　以上のように協同学習を効果的に盛り込むことで、学級での集団活動を通して、情報の整理・分析が深められる。本章で取り上げたＫＪ法や協同学習は民主主義や社会参画も志向して提起されてきた。市民活動の場面では、中野(2001)や木下(2007)が論じるように、ワークショップが行われている。教室内での協同学習から社会に開かれたワークショップへと高めていくには、学級内だけでなく、学外の他者とも協同していく必要がある。学外の他者とも協同することで、探究的な学習が、社会とつながる、より「真正」なものになるだろう。

【文献・資料】
上野千鶴子『情報生産者になる』筑摩書房、2018年
エリザベス・バークレイ、パトリシア・クロス、クレア・メジャー／安永悟監訳『協同学習の技法』ナカニシヤ出版、2009年
川喜多二郎『続・発想法』中央公論新社、1970年
木下勇『ワークショップ』学芸出版社、2007年
豊田秀樹『紙を使わないアンケート調査入門』東京図書、2015年
中野民夫『ワークショップ』岩波書店、2001年
R.リチャート、M.チャーチ、K.モリソン／黒上晴夫・小島亜華里訳『子どもの思考が見える21のルーチン』北大路書房、2015年

4　探究のまとめ——探究の成果を論文にして発表する

杉浦 正和・吉田 俊弘

1　はじめに

　高校生が自らの問いを立てて様々な情報を収集し、それらを分析し考察結果として答えをまとめる。こうした探究学習、「公共」などの教科に関連した課題は、その成果を大学生や大人と異なる形でまとめた方がよいのではないかという問題意識で、一般的な研究論文のまとめ方とあわせて問題提起したい。つまり、考察結果を客体化して自他の評価にさらすだけでなく、探究活動全体を記録・分析して探究のあり方を深めるきっかけにしたいのである。

2　論文を書く意義とその基本構成——高校生的構成

　論文は、①問いに対して、②事実を根拠として示し、③論理的理由＝論拠に基づいて、④答え＝主張を導き出すもの。これらの4要素が論理的に関係づけられて、主張を論証する文書である。主張が考察の結果として説明される点で、与えられたテーマについて調査して、関連した事実や説明に若干の考察をつければよい報告＝レポートとは大きく異なる。自分の問題意識と論理展開の厳密さの点でより高度であり、生徒の論理的思考を鍛える意義がきわめて高い。なお、探究学習における問いは、大きなテーマが教師から与えられて、生徒が小さなテーマを選んで探究するケースが多く、それでよいのである。

　高校生がこうした論文を書くことは、探究学習が広がっても簡単ではない上に、その機会が少ないと思われる。そこで、本章では上記のような本来の論文構成だけでなく、高校生なりの模索過程を含んだ構成を提案したい。それは、生徒の探究学習を育てるための教員評価と、生徒が次の探究をさらに向上させることを考えたものである。基本構成は＜序論→本論→結論＞である。

序論：自ら立てた**問い**を示し、それを問う理由＝問題意識や従来の問いや議論との違いなどを説明する。論文の趣旨を述べる部分であり独自性が一般的に重視される。高校生では、問題意識の独自性より、生徒の個性や体験なりに基づく切実性を重視したい。最初の問いが大きく発展し、より切実になる過程を具体的に述べたい。その意味で、従来の議論については、詳しく説明する必要性が少ないと思われる。ここで、全体の見通し＝大まかな考察の流れや研究方法について述べると、論文が読みやすくなる。

本論：必要なのは、問いへの答えである**主張**と、その**根拠**となる関連事実・情報、それらを主張にどう結びつけるかという**論拠**＝論理的理由である。ここでは、主張と根拠、論拠が論理的に結びついて、論証が行われなければならないが、どのような形や順序で表現するかは様々である。

　事実については、序論の問いに沿って問題の全体像を示し、どのような事実・情報が関連するかを述べて、その中から重要なもの、主張に結びつく根拠となる事実を明示する。これらは信頼性が高くなければいけないので、それらの情報源（データ作成組織や参考文献など）を示してその信頼度がわかるようにする。特に重要な情報は、出典の表現をそのまま引用しなければならない。論文では、引用や参考文献を示さなければ本人の意見や説明と見なされるので、他者の意見や説明とほぼ同じ内容を述べる場合は、必ず注を入れて参考文献をあきらかにすること。高校生では、独自性のある意見や説明が少ないので、生徒自身の独自性・創造性を明確にするためにこの点を重視して論文を作成したい。

　事実と理由をもとに主張を述べることについて、具体例でどのような論証が行われるかを考えてみよう。文系の研究は、理系のように問いに対して仮説を立て、実験や観察で得られた結果＝データを分析することで、仮説の是非を示す科学的論証とはかなり異なる。つまり、「データで証明できる」という類のものはまず存在しない。いろいろな事実と小さな主張＝論点を重ねながら真理性を高めるような論証、蓋然的議論における論証を行うしかない。

　例えば、「原子力発電は大事故を起こす可能性がある」という事実から、「大事故が起こすものは廃止すべき」という理由で、「原子力発電を廃止すべきである」という主張が導き出せる。これは形式論理学（AはBであり、BがCである

ので、AはCである）に沿っている。しかし実際には、大事故がどのようなものでどのくらいの可能性があるのか、この主張に反する結論となるケースでないことを述べないと、論証に十分な説得力が得られない。この前半が理由をより説得力あるものにする**裏付け**の事実であり、後半が**留保条件**、反論の主張を否定することと言える。この場合、裏付けが「炉心が破壊するシビア・アクシデントが起こって大爆発しうる」、留保条件が「大爆発事故の確率がきわめて小さく、小事故に止められる」となる。

　論証全体は、こうした様々な主張＝論点の集合となり、それぞれに反論の可能性がある。したがって、自分の主張と異なる反対意見をできる限り紹介し批判的考察＝再反論を加えると、説得力が増してくるのである。

高校生的本論：自分がどのように情報を収集したか、その情報をどのように整理・分析し考察したか、問いがどのように発展したかなどの、高校生としての探究における模索の過程を記録する部分である。一般的な本論の前に、「探究活動の経緯」などと題して、情報収集や情報の整理・分析・考察、問いの発展などの小見出しをつけて、簡潔に活動内容や入手情報（本論で使わなかったもの）、失敗・工夫などについて報告する。これは探究活動の記録であり、その総括については結論で触れたい。

　なお、次節で述べるピア・レビューを行いながら探究を進めた場合は、他生徒との議論内容や受けた影響などをここに記す。

結論：序論における問いと本論の論証を要約して、問いの答えとしての主張を明確に述べる。答えきれなかった問いや発展的に探究したい問いを「今後の課題」として示すことが多い。高校生的本論を書いた場合、それに対応して探究活動のやり方についての「今後の課題」も述べたい。

3　ピア・レビューを取り入れた論文作成のすすめ

　論文を書くことはある意味孤独な作業である。一人で黙々と取り組んで考察を深め、書き上げて先生に提出して終わりというイメージがあろう。しかし、大学の卒論においても中間報告をしながら、論文構想の段階から教員などとの

話し合いの機会を設け、他者と意見交換しながら論文を完成させることが基本となっている。それは、問いを決める段階と論証を進める段階で、探究活動を刺激し深めることになるだろう。

　論文の構想段階では次のようなやりとりが想定される。教員と生徒や生徒の間で、「このテーマで言いたいことは何？」と問題意識を質問し、書き手はそれに答えようと自分の問題意識を深める。「問いが漠然としていてよくわからないよ」という鋭い指摘も入る。もちろん、書き手から不安なことも聞くことができるため、そのやりとりの中でテーマや問いが洗練されていくのである。

　また、主張の論証段階では、根拠事実の重要性や説明の仕方をめぐって、他者から意見を述べてもらうことで、書き手は論証の適切さについて客観的に確認できる。もし他者の指摘が正当であれば、別の事実で根拠を裏付けたり、反論に配慮してていねいに説明したりすることができる。生徒同士の相互評価をピア・レビューと呼ぶが、生徒にとって教員の指摘より探究を深めるヒントとなりやすいので、論文の作成過程で積極的に取り入れたいのである。

　では、ピア・レビューをどのように進めると、よいであろうか。一人の書き手に対し複数のレビュアーがコメントする場面を想定してみよう。このとき、書き手が「何か意見を言ってください」というだけでは適切なコメントをもらうことは難しい。レビュアーからすれば、何をコメントするか、ポイントを絞ることができないからである。このような事態を回避し、より効果的なピア・レビューを行うためには、最初に書き手が論文の基本方針を説明したうえでレビュアーからどのような助言や意見が欲しいかを指定するとよい。フィードバックしてほしい点が定まることで活発な意見交換が可能になるからである。

　また、あらかじめチェックリストを用意して、その項目ごとにコメントをもらうなどの工夫をすることもできる。探究学習のまとめにあたる小論文では、例えば、次のようなチェックポイントがあると取り組みやすくなるであろう。

　◆調査対象については問いに基づいて調査しているか。

　◆調査資料は信頼できる資料を使用しているか。

　◆問題提起が明確にできているか。

　◆主張につながる根拠を示しているか。

　◆一方の意見だけでなく反対意見や自分の問題点にも考察を加えているか。

　◆自分の意見と、他人の引用や要約を区別して明示できているか。

◆序論、本論、結論の構成になっているか。

　こうすることで、書き手とレビュアーは、共通の基準に基づいて話し合うことができるようになる。

4　発表に向けたスライド作成

　探究学習の成果は、論文だけでなく多くの人にプレゼンテーションをしたい。仲間の生徒だけでなく他の多くの人から、様々な質問やコメントをいただくことで視野が広がって今後の探究への気づきが生まれるからである。ここでは、PowerPointによるスライド作成について配慮すべき点を取り上げてみよう。

　最も大切なのはプレゼンテーションの目的を明確にすることである。つまり、問いに関してあまり知識のない一般の方々に、問題意識を含めて答え＝主張をしっかり理解してもらうことが最も多いだろう。発表の難しさは、時間が10分ほどの中で10枚くらいのスライドによって、問いと問題意識、答えとしての主張、根拠となる事実からの論証を簡潔に示すという制約の厳しさである。

　スライドは、スピーチを補助し、イメージによって理解しやすくするものと位置づける。スピーチ速度は1分350字ほどが目安で、スピーチ総量が3500字前後となりWord 3頁しかない。スライドの視覚情報とスピーチの聴覚情報による相互作用で理解を深めるには、ていねいな説明が不可欠である。ちょっと聞き取れなくても理解できるような丁寧な話し方と速度を意識したい。

　基本方針は、結論において要約したポイントの内容を、スライドのイメージで補助しながらていねいに説明することである。論文内で文によって説明した内容を、スライドに図表や画像を入れてキーワードを示しながら、スピーチの説明によって理解してもらうこととなる。スライド内の文は、その並べ方から内容の論理構造が見えるような形とする（「情報をデザインする」）。

　スライド作成の要領・目安は以下のようになる。
① 伝えたいことを一つに絞る（1スライド・1メッセージ）
② スライド上部に伝えたい内容を簡潔な文にして示す
③ 上部に内容とともに、論証過程の位置づけを示す（根拠1など）
④ 箇条書きが最大5行、文章全体で10行以内
⑤ 見やすいフォントと文字サイズを使う

⑥重要部の色や太さなどを変えて強調する

⑦スピーチのキーワードを必ず入れて対応させる

　②の簡潔な文に説明を補足しながら、順にスライド全体を通して説明をする練習を行って、図表や説明をよりわかりやすいものに修正していく。

5　論文を書く意義

　高校生は、大半の者が思ったことや調べたことを書くだけしか体験していないだろう。そうした者が探究学習を行うと、そこで自分の問いに対して関連ある事実・情報を集め、それらを整理・分析・考察して根拠となる事実を見いだす。さらに、それらの根拠から論拠＝理由を意識しながら自分の答え＝主張を結論として述べるのである。こうした論証＝論理的証明の流れを、一連の文を展開する形で客観的に示すのが論文作成である。

　論文完成までの過程では教員コメントやピア・レビューが行える。しかし、その指摘を活かせるのは書き手だけであり、書いた文章に対して心中の読み手から疑問や反論を出しながら、つまり推敲を重ねながら論文を完成させると言える。つまりこの作業は、本質的に書き手個人の思考作業なのである。

　心中の読み手が綿密に論証過程を検証すること。つまり、思い込みを排して自分とは異なる視点・意見と向き合い、その人を説得するように書けば、書き手の文章はより正確明瞭、説得力のあるものとなるだろう。このようにして、高校生が多面的な視点から考えを深め、論理的に思考できるようになる。すなわち、論文を書くことは、異なる意見との交流を広げることに寄与する創造的な取り組みなのである。

【文献・資料】
近藤裕子・由井恭子・春日美穂『失敗から学ぶ　大学生のレポート作成法』ひつじ書房、2019年
　大学生と謳っているが、高校生の論文やレポート作成にも有益である。実例も多く取り上げられ、論文をまとめる際のヒントを得ることができる。
S.トゥールミン『議論の技法──トゥールミンモデルの原点』東京図書、2011年

5　期待されるアクションへ──社会参加、政治参加のヒントになれば

杉浦 真理

1　当事者として気になる社会課題を見つける

　気になる社会課題を見つける力をつける。そのためには、社会から情報を手にいれる。1つ目は自分の生活の中から興味あるものを、その商品、サービスができた背景や、どこから自分の身の回りにやってきたのか、どこで誰が作っているかを考える。2つ目には、自分の将来なりたい仕事や学びたいものを調べてみる。社会的にどんな必要性があって仕事になっているのか。学びについてはその動機を確認しつつ、専門家の本やHPを探して、学びの方法、基礎学力をつける。このような当事者として自ら探究的に学ぶ姿勢が大切である。

2　法的、心理的、社会的課題を問いあわせる力

　専門家に聞く、関連する本を読みHPを調べる。相談力は欠かせない探究の力だ。自分の気になる社会課題をみつけたら、人権的な課題なら法的解決や、政治的解決ができないか調べてみる。そのためには、法学者、弁護士、司法書士の専門家が答えてくれる。法テラスに行って相談するのもよい。政治的解決については、各政党に見解を取材するのもよいだろう。政党には広報宣伝部が存在するので、そこで専門の議員や秘書と相談するとよい。また、関連するNPOやシンクタンクのHPや問い合わせをするとよい。

　他に、社会心理や心理学的要素が含まれる課題であれば、臨床心理士や関連する相談機関、NPOなどに相談してみるのである。

3　社会をシミュレートする

　期待するアクションの前に、社会を実感してみることも大事である。模擬投票、模擬議会、模擬裁判などは、政治参加、法システムの機能などを知ることができる。総務省／文科省の副読本『私たちが拓く日本の未来』がＨＰに上がっ^{➡58ページ}ている。ＤＥＡＲ（開発教育研究会）は、貿易ゲームをはじめとして格差や環境問題などのグローバルな問題を学習できる参加型学習教材を開発し販売もしている。キッザニア（経済テーマパーク）では、小中学生向けに、商業経済を消費者の立場、労働者の立場から体験することもできる。

4　社会団体に学ぶ、イベントに参加する

　各種ＮＧＯ、学生団体は、イベント、スタディツアー（最近はオンラインのものも）を開催し、そのほとんどが、無料か低価格で行われている。核問題は、Know-nukesや高校生平和ゼミナール、紛争地支援ではピースウインズ・ジャパン、国際協力、ＳＤＧｓ関連では、ワンワールドフェスティバルfor youth、気候変動ではＦＦＦ（未来のための金曜日）、途上国支援ではＡＣＥ、プラスチック問題ではＢＢＰＢ、選択的夫婦別姓では選択的夫婦別姓陳情アクション、^{➡79ページ以下}ＬＧＢＴＱではＰＲＩＤＥ ＪＡＰＡＮなど、様々な団体が活動している。^{➡98ページ}

5　生徒も知っている意見表明のツール

　意見表明は、10年前は、新聞投書やメールなどに限られていた。しかし、今や、ツイッター、インスタグラムなどは、個人でも社会に意見発信、情報交流をし、行動を促すツールになっている。＃MeTOOは、セクハラや性的暴力などの性犯罪被害の体験を告白・共有する際にＳＮＳで＃ハッシュタグをつけて世界的な反響を呼んだ。何か気になる課題や世に意見を問いたい、政治的に意見を集めたいときに、ＳＮＳは大きな成果を上げる。
　こんな積極的な探究し社会に発信する高校生を育てたい。

6　活動評価のあり方——学習者の自己評価と他者評価

杉浦　正和

1　探究の質をあげるための自他評価と観点別評価

　意義ある評価は、指導要録や通知票に記される「評定」ではない。これは、絶対評価であれ相対評価であれ、一定期間の活動に対する総括的な評価である。探究活動は、講義内容の理解という一定目標に向けた活動ではないので、活動中での様々な過程や側面における成果と不十分点を示すものがほしい。つまり、次の探究に向けてどう改善すればよいかがわかる形成的評価が望ましい。とするとこの評価には、探究活動を客観的に見た評価だけでなく、本人だけがわかる考察の苦労や努力を評価することも必要となる。そして、活動評価に必要な要素は、①活動の課題と②評価の観点、③評価点、④評価の基準である。

　①**課題**が活動で成果として期待される結果、目標であり、③**評価点**は成果の十分さを示す尺度で、④**評価基準**が観点と評価点ごとにどのような成果レベルであるかの条件を示す。第一の問題が評価の観点にある。文科省が評価で指示した観点は、「知識及び技能」「思考力、判断力、表現力等」「学びに向かう力、人間性等」であるが、抽象的なので評価結果を生徒が理解するのは難しい。文科省は、評価が学習や指導の改善につながるようにと指示するものの、具体的な対処策を示しておらず不可能である。さらに評価基準が抽象的すぎて、教員が基準によった評価を安定的に行うことが難しい。

　探究活動では、実際の探究課題ごとに具体的な評価観点と基準を生徒に示し、何をどう行えば活動がよりよくなるかを明確にしたい。そうすれば、評価が教員による他者評価であるとともに、生徒自身が基準によって活動を自己評価できるからである。その手法がルーブリック評価である。
➡76ページ

2　ルーブリック評価のあり方と利点（大学教員のための評価法）

　この手法は、アメリカの大学において発展した評価法である。それは、アメリカの大学では探究的活動を学生に求めるのが当たり前だったが、従来の評価法に多くの問題があったからである。活動の形態だけでも、論文や書評、討論参加、グループ制作、プレゼンテーションなど様々であり、学生を評価する基準を明確にして公平な評価を行う難しさが大きく、その他に学生から評価についての質問やクレームを受けることへの対応があり、こうして評価に多くの時間がかかって困っていたのである。

　ルーブリック評価の利点は、第一が効率的に評価作業をできることである。日本で多く示されるような総括的なルーブリック表では実感できないが、アメリカの大学における表は非常に詳細なものである。評価観点が多くありその基準も複数の条件が具体的に示されるので、良い部分や悪い部分にチェックを入れて観点別評価点を決めた上で、評価点合計などで全体評価を定めることができる。第二の利点は、評価結果の表を学生に示すことで、評価内容を確認し活動を改善するフィードバックとできることである。代わりにコメントを書いても、学生は短ければ落胆するし長ければ十分に理解できない。観点ごとに具体的条件が示されて、そこにチェックがあればコメントは不要である。そして第三が、最高レベルの条件を見ることで、その課題において何に注意し何を頑張ればよいかがわかることである。さらに、こうしたルーブリック評価を保存すれば、その変化を見渡すだけで活動上の特徴や発展過程を確認できるのである。こうした利点が生まれるのは、評価基準が活動課題に即して各側面の重要条件が具体的に示されるからである。つまり、複数の活動をまとめて総括的に評価すれば、ルーブリック評価の意義がなくなるのである。

3　論文のルーブリック表を作成する（第4章「探究のまとめ」参照）

　ここでは、論文として探究をまとめる課題を例に、評価点をA模範的／B有能／C努力必要の3段階として、「探究のまとめ」で示した内容から評価の観点と基準をつくる。つまり、ルーブリック表は事前に生徒に講義や指示したことに基づいて作成するものである。第4章の内容ポイントを示した後に、観点と

表1　3段階ルーブリック例

	模範的	有能	努力必要
個人の発表	□ 発表は構成が導入、展開、結論を備え、□ 内容もよくまとまっていた。	□ 発表は内容は概ねまとまっていたが、□ 導入、展開、結論の構成に不備があった。	□ 発表は導入、展開、結論という構成が明確でなく、□ 内容にまとまりがなかった。

基準を具体的に作成する流れで説明する。一つだけ見本の表を示しておこう。

　論文の構成は、①問いに対して、②根拠としての事実と③論理的理由＝論拠によって、④答え＝主張を論証することである。明確な問題意識としっかりした論理展開によって基本構成が＜序論→本論→結論＞となる。この内容に従って「全体構成」の観点で基準をつくると、Ａ展開が適切な配分と内容で行われた、Ｂ展開に不適切な配分か内容があった、Ｃ展開の配分と内容が適切でないとなる。その詳細は序論と本論、結論の観点で示す。

　序論は、問いを示してその理由や従来の問いとの違いを説明し、全体概要があってもよいのである。例えば「序論」は、観点「序論の配分」の基準としてＡ：10％の分量、Ｂ：5％か15％の分量、Ｃ：2％か20％の分量となる（比率は事前に知らせる）。次に「序論の内容」の基準は、Ａ：詳しい理由を述べた上で問いが明確に示された、Ｂ：理由や体験が述べられて問いが示された、Ｃ：問いがあいまいで理由や体験との関連が明確でないとなる。指導で、生徒体験に基づく切実性を重視し全体概要などを書くようにと勧めれば、それらについての観点と基準に入れることとなる。

　本論については、考慮すべき要素が多いので観点は多くなるが、事前指導で生徒にどこまで期待しているかを述べた内容に沿うべきである。事実と論拠、主張のそれぞれに関連して観点をつくる。高校生では、探究活動を記録させて成果だけでなく情報収集と考察過程を含めて評価したい。そうすると、論文成果における「関連事実の提示・説明」や「関連事実の分析考察」だけでなく、「関連事実の収集」や「関連事実の整理検証」を観点に入れることとなる。また、「要約引用の明確化」や「参考文献の扱い」は本人の創造性を確認するために必要だろうし、もっと基礎的な観点、例えば誤記や読点、改行、段落についての「適切な文章形式」も必要である。この部分をどこまで細かくするかは生徒の論文作成力を考慮して決めるべきだろう。

表2 ルーブリック表の例

	模範的	有能	努力必要
社会保障への影響について内容の理解	□ 社会保障給付に対してと、□ 歳出の社会保障費への影響とを説明し、□ 将来への影響にも関連付けて困難さを説明できる。	□ 社会保障給付や□ 歳出の社会保障費への影響をあいまいな理解で述べ、□ 困難さについて述べられる。	□ 社会保障給付や歳出の社会保障費の区別なしで悪影響を述べられるが、□ 困難さについては述べられない。

※「述べる」は単に語句として言及するだけで、「説明する」は仕組みや根拠などを示しながら論理的に詳しく述べること

　テーマが限られた課題であれば、内容について基準をより具体的に提示できる。表2の例は、社会保障について考察して少子高齢化の影響について意見をまとめる課題における「内容理解」についての基準例である。

　「内容理解」の基準は、理解すべき内容を示す語句などを部分的に変えて容易に作成できるだろう。3段階評価にぴったりとはまらない場合、□にチェックを入れることで細かい評価を付加できる。

4　短期間における探究的な学習のルーブリック評価法

　大学と似たような長期間に行われる高校生の探究学習であれば、上に述べたような形のルーブリック表を作成して、活動記録を確認しながら活動評価をすることを絶対に行うべきである。しかし、普通の授業の中で数時間を使って多クラスの生徒に対して探究的な学習を行う場合は、多くの観点や基準を用意するのが大変である。無理に抽象的な基準のルーブリック表で行えば、総括的な評価と同様となってしまう。内容は、表2で示したように、「内容理解」の基準を2〜3の重要ポイントによって示し、この他に、記述・発表の正確さや発表のわかりやすさ、情報活用などについて3〜4つの観点を用意したい。後者はほぼ同じ形で使えるだろう。5〜7つの観点評価がやや大変であるものの、生徒が自他の評価によって活動改善ができる利点は代えがたいものである。

　なお、期待される社会変革に関わるアクションは、生徒の社会観の成長に関わるものなので学校が評価すべきものではないと考えている。

【文献・資料】

D.スティーブンス、A.レビ／井上敏憲・俣野秀典訳『大学教員のためのルーブリック評価入門』玉川大学出版部、2014年

第2部

社会とつながる方法

総論　社会とのつながり方を可視化する

　第2部は、「社会とつながる方法」を取り上げる。中学生や高校生から見ると、学校やコンビニでの買い物、ＳＮＳの人間関係を除けば、自分と社会とがどのようにつながっているのかなんて、なかなか実感できないのではなかろうか。実際、日本の若者の選挙における投票率は低い傾向が続いているし、7か国（日本・韓国・アメリカ・イギリス・ドイツ・フランス・スウェーデン）の若者の政治意識を比較すると、自国の政治への関心度、社会問題の解決や政策決定への参加意欲について、いずれも最小の数値がマークされている（本田由紀『「日本」ってどんな国？』ちくまプリマー新書、2021年、213頁参照）。

　ところが、「自国のために役立つことをしたい」と考える日本の若者は47.8%と、約半数に達しており、この比率は7か国の真ん中に位置するのである。つまり、「自国に役立つことをしたい」が、社会や政治には関わりたくない（関わることができない）という若者が一定数いることが伺えるのである。私たちは、その要因として政治や社会につながるルートが見えないことが一因ではないかと考えてみた。つまり、社会的な課題に気づいても、どのように関わったらよいか、そのルートがわからなければ結局、社会問題の解決や政策決定は「他人事」になってしまうのである。そうであるのなら、中学生や高校生の段階で社会とつながる道筋が少しでも見えるように工夫することが求められるであろう。社会とのつながり方が見えてきたら事態は少し動くかもしれない。

　私たちは、このように考え、社会とつながる方法を問題意識のレベルに応じて整理してみた。次ページ以下には、買い物、通学、インターネットによる情報検索、ＳＮＳによる交流、課題解決に向けた意見表明の仕方や取り組みなど、中高生にもできる多様なルートが紹介されている。そこには自分が困りごとに遭遇した時にどう対処するのかなども含まれる。日々の生活の中に生起する様々な課題が社会とつながっていることに気づき、課題解決のルートが少しずつでも見えてくれば、困りごとを一人で抱え込まずに、社会とのつながりの中から問題解決の一歩を踏み出せるかもしれない。私たちは、「社会とつながるなんてハードルが高すぎる」と思っている中高生の皆さんと一緒に、社会参加への一歩を踏み出したいと考えている。

（吉田　俊弘）

【社会とつながるための見取り図】

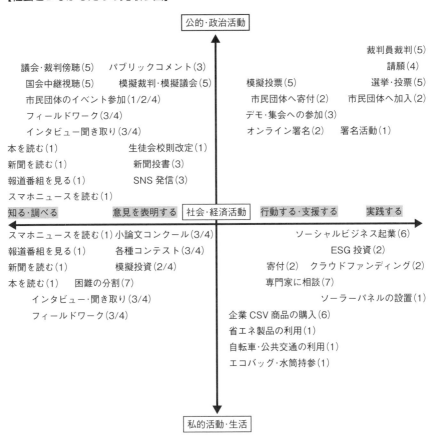

公的・政治活動

裁判員裁判（5）

議会・裁判傍聴（5）　パブリックコメント（3）　　　　　　　　　　　　請願（4）

国会中継視聴（5）　模擬裁判・模擬議会（5）　　模擬投票（5）　　　選挙・投票（5）

市民団体のイベント参加（1/2/4）　　　　　　市民団体へ寄付（2）　市民団体へ加入（2）

フィールドワーク（3/4）　　　　　　　　　　デモ・集会への参加（3）

インタビュー聞き取り（3/4）　　　　　　オンライン署名（2）　　署名活動（1）

本を読む（1）　　　　　　生徒会校則改定（1）

新聞を読む（1）　　　　　　新聞投書（3）

報道番組を見る（1）　　　　SNS 発信（3）

スマホニュースを読む（1）

知る・調べる　　　　　　意見を表明する　社会・経済活動　　行動する・支援する　　　実践する

スマホニュースを読む（1）小論文コンクール（3/4）　　　　　　ソーシャルビジネス起業（6）

報道番組を見る（1）　　　各種コンテスト（3/4）　　　　　　　　　ESG 投資（2）

新聞を読む（1）　　　　　模擬投資（2/4）　　　　　寄付（2）　クラウドファンディング（2）

本を読む（1）　　困難の分割（7）　　　　　　専門家に相談（7）

インタビュー・聞き取り（3/4）　　　　　　　　　ソーラーパネルの設置（1）

フィールドワーク（3/4）　　　　　企業 CSV 商品の購入（6）

省エネ製品の利用（1）

自転車・公共交通の利用（1）

エコバッグ・水筒持参（1）

私的活動・生活

※各アクションに付記してある（　）の数字は、第2部の各章を示している。例えば、寄付（2）という表記は、第2章を参照すると寄付に関する説明があることを意味している。

※タテ軸は、社会における生活・活動の違いを示す。
　「私的活動・生活」から「公的・政治活動」までをスコープし、中間領域は人々の交流によって成り立つ「社会・経済活動」となる。日常の生活は私的活動ではあるが社会的なつながりがあることを示している。

※ヨコ軸は、「知る・調べる」から現実に「実践する」までのアクションの関わり方の違いを示す。
　社会事象を知ること、調べ分析し、社会に向けて意見を表明すること、社会活動を行っている諸個人・団体に呼応して行動し支援すること、より深く関与して実践することまでをスコープしている。

1　日常生活ですぐにできること

杉浦　真理

1　はじめに

　社会とのつながりは、意識して取り組まないと日々の生活に流される。問い
を立て、調査し、考えていく探究学習の前に、研究対象に対する見方や考え方
を育むには気づきが必要で、どうしてそうなのかという疑問が沸いてくるよう
な日常生活からの発見を大切にすることを促したい。

　とくに授業では、教師が時事問題を取り上げたり、生徒に時事的な話題を提
供させたりするとよい。生徒自身に発表させることで、ひとりで気づいた社会
問題が漠然としたものであっても、他の生徒の質問を受けることで問題がより
明確になり、気づきから疑問へ、さらには、探究すべき社会の課題に接近でき
るようになる。授業で時事問題を取り上げるのは、そのようなステップにつな
がる種を蒔くということである。

2　スマホやニュースを見てどんな出来事があるか探してみよう

　生徒のスマホには、必ずニュースアプリ（無料）があり、家のリビングでは、
テレビのニュース番組（特に朝）が流れていることが多いであろう。そのような
ニュースに接したとき、「これは大事かな」と感じたり、「おかしいな」と違和感
を抱いたりすることがあるかもしれない。授業では、そのような素朴な感覚や
気づきを大切にし、知らない話があったとしてもスルーせず気に留めておくこ
とを薦めておきたい。このような経験の積み重ね（習慣化するとなおよい）が社
会へつながるきっかけになるからである。日々のニュースに意識的に目を向け、
どんな出来事が起きているか、探してみることから始めてみたい。

3　時事問題を発表してみよう

　学校の授業では、社会科や公民科などで多様なテーマが取り上げられるであろう。生徒が興味を持ったとしても、限られた授業時間の中では、時間切れで終わったり、必ずしも十分に扱いきれなかったりするケースも少なくない。そんなときには、時事問題を生徒2分間スピーチで取り上げ、毎回の授業のネタに使ってみることができる。

　生徒の中にはスマホのニュースをななめ読みするだけで理解が不十分だったり、ツイッターで不確かな情報を見つけたりするようなケースもたまにある。だからこそ、学期1回程度、授業の中で輪番にスピーチをするような機会をつくり、社会で起こるさまざまな出来事に気づきを得ることが大切になる。

　すでに社会問題に気づきを得ている生徒は比較的うまくいくかもしれないが、そうでない場合には、教師から時事問題を摑むためのキーワードを紹介したり、新聞報道やＴＶ報道をふまえてスピーチのためのヒントを与えたりすることも必要になるであろう。教師は、生徒がスピーチの手掛かりを得るために、現在起こっている社会的問題や参考文献を意識的に紹介したり、論争的な課題を大人目線で示したりするような役割を果たすことも必要になるのである。また、生徒が時事問題のエッセンスをかいつまんで紹介するだけではなく、皆に発表することで、これまで以上に主体的に社会とつながるきっかけが生まれる。

4　時事問題を掘り下げてみよう

　生徒の中で時事問題の理解が進み、少しずつ認識が深まり、自己の意見が形成され始めるようになったら、次の学びの場を紹介してもよいであろう。学外ではあるが、各種団体などが主催するセミナーや学習会（無料オンラインもあり）などを紹介し、参加を促してみるのである。

　世の中には、社会課題に取り組む市民団体、学生団体、ＮＧＯ、ＮＰＯがたくさんある。彼らの活動は、生徒たちを市民に導き市民として声を上げるロールモデルとなる。たとえば、難民を支援する兵庫のCODE（ＮＧＯ）、気候変動を問題にする学生団体FFF、食品ロスと貧困問題をつなぐフードバンク、ジェンダー問題のアドボカシー団体、選択的夫婦別姓アクションなどである。

生徒にスマホで検索させて、各団体がどのような意見を持ち、どんな呼びかけをしているかなど、調べる機会をつくってみる。同じようなテーマを掲げる団体が複数あるなら、比較検討し、各団体の現状認識を考察したうえで自分と考えの近いものをみつけることもできるだろう。オンラインセミナーやフィールドワークなどを企画している団体があれば都合の良い日時に参加することもできる。土日や平日夕刻にオンラインで参加できる企画も多くあるので、部活動で忙しい生徒も参加できるのではないだろうか。一般的に生徒の多くは、政治や社会問題に参加できるのは選挙の時だけだと思っているが、このようなセミナーに参加することで選挙以外の機会にも市民が多くの社会課題に取り組んでいることを理解できるようになる。

5　街を観察してみて、おかしなところ、社会の課題にコミットする

　街中のファッションの流行をみる。どんなモノを、人々は、自分は、使っているのか。その製品はどの国、工場から来ているのか。夜電車で疲れているサラリーマンはどうしてこの時間になったのだろうか。たくさんの疑問が生まれてくる。そこには社会課題が隠れている。

　街中で署名活動をする団体、あるいは自宅に署名簿をもって訪問する団体、個人もある。このような取り組みは地道ではあるが、地域の課題を取り上げ、社会課題に賛成したり反対したり、また提案するときに、多くの声が集まることで社会を動かすことを学ばせたい。学校では、中高生徒会が制服改善や校則の見直しをはかったり、生徒個人が生徒会の目安箱や執行部員に訴えたりするときに、多くの声を集める手段として署名が用いられる。署名を通して私たちは学校や社会に声を届けることができるのである。

6　当事者意識をもって日常生活を意識的に営んでみる

　社会や学校、地域に課題があると思ったら、仲間とともに、あるいは個人で動ける範囲で動いてみる。生徒が日常生活の中で営む買い物などの消費行動は、一見、私的な生活のように捉えることができる。しかし、実は個人の営む消費生活は社会の一部に組み込まれ、社会とつながっているのである。一例をあげ

れば、私たちの消費行動が食品ロスや貿易の自由化などの社会問題に影響を与えているからである。「私的なことは社会的なこと」でもある。ふだん無意識に行っている私たちの生活の中に実は社会的な意味合いがあることを気づかせたい。そこで、次に、ＳＤＧｓ的な探究例を示してみよう。

（1）日常を足元から変えるエコな取り組みをする

エコバッグ、水筒を持ち歩く。自転車で移動を増やす。電車、バスには歩ける程度は乗らずに、あるいは一駅、一バス停は歩くようにする。コスパも良くなる。お小遣いも増えるかも。時間は犠牲になる。

家庭で考えれば、マイカーをやめて公共交通を使う。屋根にソーラーパネルを設置して蓄電池を買えば初期投資はあるが、長期的にエネルギーの地産地消となりかなりの脱炭素になる。炬燵でみんなで過ごし、風呂は間を置かずに入る。省エネは家族の協力があるとできる可能性が高くなる。忙しいうちは無理かも。また、電化製品の効率化で省エネタイプの電球・エアコンなどを使うなら、省エネの余地はうまれる。金融機関の中には、城南信用金庫のようにエコ投資を支援する制度を設けているところもある。

（2）目線を市民社会にも広げてシステムチェンジの必要性に気づく

個人の努力だけでは、地球危機は止められない。例えば、カーボンプライシングや炭素税の導入を政府に要求する。まず石炭火力を止める、再生可能エネルギーをバランスよく増やすことができるような補助金・税制度をつくる。エコ投資する市民は減税するなど、日常生活目線から出発し、個人、家庭、社会のあり方を大きく変えて、ＳＤＧｓを実現する変革の方策を探究することが大事である。

【文献・資料】
NO YOUTH NO JAPAN 『YOUTH QUAKE』よはく舎、2012年、第5章「私たちにできる政治参加」

2　他の人や事業を支援する

山田 一貴

1　はじめに

　高校生や中学生が目をつけ、解決策などを考察した社会課題に対して、すでに何らかの形で対応や取り組みが行われている場合も少なくない。そのような場合には、新規に取り組みを起こさなくても、それらを支援することで課題の解決を後押しすることができるだろう。ここでは他者の活動を支援する方法について、生徒にとって身近な順に紹介したい。

2　イベントに参加する

　社会課題の解決に取り組む企業、団体は定期的にイベントを開催して、課題の啓発や支援の呼びかけを行っている。例えば、「こくちーずプロ」(https://www.kokuchpro.com/)は株式会社こくちーずが運営する、50万人以上が利用するイベント集客のプラットフォームであり、細かく検索条件を指定して絞り込むことができる。日時や場所、キーワードを入れて検索すれば、参加型のワークショップや講演会などのイベントを調べることができる。また、一般社団法人ボランティアプラットフォームが運営する「ボランティアプラットフォーム」(https://b.volunteer-platform.org/)では、講演会などのイベントへの参加者も募集されており、こちらも場所やキーワードで検索を行うことができる。イベントに参加して、見識を高めたり、参加者との交流により、課題解決への意欲を高めたり、新たな協力の形を模索することができるだろう。

3　署名する

　署名を行うことも他者を支援することにつながる。街頭の署名活動で生徒た

ちが興味・関心を持っているテーマに出会うことが難しいかもしれないが、オンライン上では、多様な署名活動を見つけることができる。世界最大のオンライン署名プラットフォームである「Change.org」（https://www.change.org/ja）では、政治、ジェンダー、動物愛護、人権など幅広い分野のオンライン署名を見つけることができる。こちらもサイト内でキーワード検索などができるため、自分の署名したいテーマをすぐに見つけることができるだろう。近年では高校生や大学生が立ち上げた署名活動も存在しており、そういった若者の活躍を見ることも生徒たちにはよい刺激となるだろう。実際、新型コロナ感染症対策のため、県立高校の文化祭の一般公開見送りが決まっていた埼玉県で、ある県立高校の生徒が一般公開を求めて、change.org上で署名活動を展開した。約1万7000人分の署名と陳情書を受け取った県教委は感染防止対策のガイドラインを見直し、十分な感染防止策を取ったうえで一般公開を認めることになった。今の若者は表に出るような強い抗議への忌避感がありながらも、社会運動への意欲は高まっているとも指摘されており、じっくり考え、人知れず署名できるオンライン署名は生徒にとってはちょうどよい社会参加のきっかけになり得る。

4　寄付する

　生徒たちはよく社会課題への解決策として「寄付」を手段として挙げるが、どれほどの意義を持っており、どれだけの額が寄付されているのか、生徒たちは知っているであろうか。その点について吟味し、より具体性のある提案をできるよう促したい。生徒には少し難しい話かもしれないが、認定ＮＰＯ法人や公益財団法人、社会福祉法人などに対する個人寄付は最大で半分程度の税控除を受けることができる。つまり、自分の目指す社会に向けて、使途の指定されない納税ではなく、寄付することによって使い道を示すということになる。多様な社会課題を抱える現代において、税金を徴収し、使途を決定する政策では迅速に対応しきれない。社会課題に対して迅速に、しなやかに対応するＮＰＯ法人などへの寄付は社会を変えるための手段の一つであり、投票であると言える。このような重要な意義があるとされながらも、日本における個人寄付はアメリカやイギリスと比べると少ない。年々増えているとはいえ、日本での寄付額は1兆2126億円（うち、返礼品を目当てとされることの多いふるさと納税が6725

億円）（2020年）であり、対名目ＧＤＰ比は0.23％である。アメリカでの寄付額は34兆円超で、対名目ＧＤＰ比は1.55％、イギリスは1兆4000億円超で、0.47％である。ただ、寄付をするというアクションプランをあげるだけでなく、どのような団体に寄付をするのか、どのようにしたらより多くの人が寄付について身近に考えることができるかも合わせて考えてみたい。

5　クラウドファンディングで支援する

　日本では東日本大震災以降注目されるようになったクラウドファンディング（以下、「ＣＦ」）はインターネットなどを利用した不特定多数の人々からの資金調達のことである。ＣＦと言っても、リターンの形態により、金銭的リターンのない「寄付型」、金銭的リターンの伴う「投資型」、プロジェクトが提供する権利や物品を購入することで支援する「購入型」が存在する。日本で一般的なのは「購入型」である。「購入型」は社会課題解決の資金を募るよりも、その資金を元に製品をつくるといったマーケティングや新商品開発の側面で用いられることのほうが多い（新商品開発が社会課題解決につながる場合もあるが）。ただ、「購入型」であっても、見返りについてはさほど期待をせず、社会課題解決のために購入するという人も近年では増えており、ＣＦを用いた支援が一般化されつつある。団体などへの寄付と異なり、団体内の活動の一部に焦点を絞った形での支援の募集が行われるのもＣＦの特徴であり、自分の支援したお金がどう活用されるかが具体的に見えるのは支援のしやすさにつながっている。有名なプラットフォームにはCAMPFIRE、READYFORがあり、特にREADYFORでは社会貢献型のＣＦが多く募集されている。1つの募集に対して1000円程度から参加することができ、生徒や学生も挑戦しやすい。少額の見返りやお礼のメッセージなどのリターンは生徒が社会貢献に参加したという証としてはよいのかもしれない。また、「寄付型」であれば、「Yahoo！JAPANネット募金」（https://donation.yahoo.co.jp/）が有名であり、多くのプロジェクトが募集をしており、クレジットカードやＴポイントでの寄付を受け付けている。前節の寄付の範疇でもあるが、ネット上で不特定多数から集めるという点においてはＣＦといえる。多様なプロジェクトが掲載されていることから社会貢献の方法を考える際にも覗いてみると役立つのではないだろうか。

6　投資する

　投資家が企業の株式などに投資するとき、従来のキャッシュフローや利益率
などの定量的な財務情報だけでなく、環境・社会・ガバナンス要素も考慮した
投資である「ＥＳＧ投資」が近年では注目されている。特に新型コロナ禍以降の
資本主義を考える上でもＥＳＧ投資は重要であるとされており、二酸化炭素の
排出量やグローバルサプライチェーンにおける労働環境などの見えづらかった
企業活動に注目が集まるようになっている。そのような視点を持って投資をす
るということも社会を変える活動であると言える。ＥＳＧに積極的でない企業
はＥＳＧ投資が盛んになり、資金調達が難しくなれば、経営方針を転換するこ
とになるかもしれない。生徒が投資をするという機会はないかもしれないが、
例えば、日本経済新聞社が主催する日経STOCKリーグでは自分たちで投資テ
ーマを設定し、株式ポートフォリオを組み、レポートを作成し、競い合いなが
ら、生徒が金融・経済について学ぶことができる。近年の入賞レポート
（https://manabow.com/sl/result/）はＥＳＧ投資を意識したレポートが多く、
それらを読むだけでも、ＥＳＧ投資に対する意識や認識を高めることができる
だろう。また、ＥＳＧの要素を重視した経営を行っている企業を調べ、それら
の企業が提供する商品やサービスを優先して購入するなどして、応援すること
は生徒にできる具体的な活動と言える。例えば、チョコレート菓子の「ブラッ
クサンダー」を販売する有楽製菓は2025年までに児童労働に配慮したカカオ原
料に切り替えるとしている。そのような企業を調べ、友人に紹介したり、商品
を積極的に手に入れたりすることは立派なアクションと言えるだろう。

【文献・資料】
秋山訓子『クラウドファンディングで社会をつくる　人はなぜ寄付するのか？』現代書館、2021年

3　ひとりでもできる意見表明

菅澤　康雄

1　はじめに

　探究学習をグループで行うメリットは、協力して資料を収集し共同で読み取りと分析を行い、意見表明できることである。グループで行えば、客観的で論理的な意見表明になる可能性がある。一方、ひとりで探究学習に取り組み、ひとりで意見表明する方法もある。ひとりだからといって、独善的で非論理的な意見表明になるとは限らない。

　次節以降に例示する「新聞に投書」「小論文コンクールに応募」「パブリック・コメント制度を利用」「ＳＮＳで発信」「デモや集会に参加」などから、生徒に合った方法で意見表明させてみたい。

2　新聞に投書する

　投書は政治、経済、国際社会などの動きや日常生活で起こった喜びと不満、疑問などについて自分の意見や感想を述べたり、社会の不合理な仕組みについて疑問をただしたりする文書を、新聞、雑誌などマス・メディアに表明することである。読者が共感し賛同すれば、意見表明として大きな力になる。

　新聞への投書方法は新聞社が定めている。Webページからフォームに従って入力する方法、添付メールや封書で応募する方法、FAXを送信する方法などである。字数は400字〜500字前後が多い。原則実名で、例外として匿名や仮名を認めることがある。投書での禁止行為は、誹謗や中傷、二重投稿、盗作などである。これは厳密に守らせたい。➡95ページ

　探究学習で学んだ内容を新聞社へ投稿する時、苦労するのが指定字数にまとめることであろう。400字〜500字に圧縮するため、何度も書き直しが必要になる。投稿する前に、教員やクラスメイトに読んでもらい、アドバイスをもら

うのもよいだろう。新聞社への投稿期間を設けて生徒に投稿を促し、競い合うのも面白い。投書が掲載されれば、大きな自信につながる。投書した文章を小冊子にまとめてクラスで回覧したのち、「最優秀賞」を決める方法もある。

3　小論文コンクールに応募する

　小論文は自らの主張とその主張を裏付ける根拠を、読み手が納得するように書き上げた文章である。一般的に小論文の形式には、テーマ型（「〜について論じなさい」）、課題読解型（課題文が示され、読解した後に自らの意見を述べる）、資料解釈型（図、資料、写真などが示され、それらを読み取ったうえで自らの意見を述べる）などがある。

　探究学習の小論文はこれら3つの型とは異なる。探究学習の小論文は、問題の設定（なぜこのテーマを選んだのか、何を明らかにしようと考えているのか、論じる意義は何なのか）、本論（問題設定に対する回答を3〜5程度、根拠をあげて論述する）、結論（明らかになったことをまとめる）で構成される。本書の「第1部　探究学習の方法」で示した、1. 課題の設定、2. 情報の収集、3. 整理・分析、4. 探究のまとめ、に基づいて書くとよいだろう。

　探究学習で書き上げた小論文は、小論文コンクールに応募させたい。高校生を対象とする小論文コンクールは多数存在する。➡130ページ主催は大学、新聞社、各種法人、民間企業、民間企業の付属研究機関などである。文字数は800字、1200字、6000字〜8000字と、新聞の投書に比べればかなり多いが、コンクール入賞者に賞金や副賞を設けているので、これを励みに応募させてみたい。応募した小論文が入賞すれば達成感が得られるだろう。

　小論文コンクールに応募することを前提に、指定文字数で探究学習の成果をまとめる方法と、探究学習の成果をまとめさせてから、指定文字数に書き直させ応募する方法がある。どちらの方法をとるかは、生徒と相談して決めたい。

4　パブリック・コメント制度を利用する

　政府や都道府県はさまざまな政令や省令、条例などを定めて、政策を実施していく。政令や省令、条例などを決めようとするとき、あらかじめ案を公表し、

市民・住民から意見や情報を募集する手続きをとっている。これがパブリック・コメント制度(意見公募手続、以下パブ・コメ制度)である。パブ・コメ制度は、出された意見を考慮することにより、行政運営の公正さの確保と透明性の向上を図り、国民の権利や利益の保護に役立てることを目的としている。パブ・コメ制度は、以下の流れになっている。

➡95ページ

　1.　インターネットで案の公示　2.　原則30日以上にわたり意見の公募
　3.　意見の集約と考慮　4.　インターネットで結果を公表

　各省庁や地方自治体の「意見公募案件」はWebページに掲載されている。探究学習で選んだテーマと、一致する公募案件を選ばせたいが、その案件がなければ、関連するものでよいだろう。環境問題ならば「太陽光パネルの新築住宅への設置義務」、高校入試ならば「生徒定員の策定」、消費者問題ならば「食品添加物の不使用表示に関するガイドライン」などのパブ・コメが、自治体の公募案件として例示されていた。

　この制度の問題点は、提案された意見を政策に反映させたか否かが、明確にならないことである。意見が取り入れられれば、生徒は大きな達成感が得られる。そのため政府や都道府県は、何らかのコメントを返信して欲しい。

5　SNSで発信する

　SNS(ソーシャル・ネットワーキング・サービス)には、ツイッター、フェイスブック、ライン、インスタグラム、ユーチューブ、ティックトックなどがある。SNSはインターネット上で、個人同士がつながれる場所を提供するサービスの総称で、登録した利用者同士が交流できる会員制サービスである。利用者数は世界で46億人を突破したと言われている。

　ツイッターは「ツイート」と呼ばれる機能を使って、140字以内のメッセージを世界中に発信するほか、文字、写真、画像、URLなども配信できる。フェイスブックは、世界最大の実名登録制SNSで、文字数の制限がなく、画像や動画も投稿できる。いずれも気軽に利用できるメリットがある。賛成する意見に「いいね」と反応したり、短いコメントを書き混んで賛同する方法もある。

　ある教育関連会社が小学生約1万6500人に、「将来なりたい職業」をアンケート調査した。男子の1位はゲームクリエーター、2位はユーチューバー、3位は

サッカー選手、女子の1位は漫画家・イラストレーター、2位は芸能人、3位はユーチューバー、総合ではユーチューバーが1位であった。ユーチューブは、小学生から大人まで浸透している動画共有サービスになっている。

　探究学習で獲得した知見をユーチューブにアップロードし、世界中へ発信してみたい。インターネット上では、探究学習の一環で地元のＰＲ動画を作成した高校生、専門学校が学校の魅力を発信するユーチューブコンテストを企画し、それに応募した高校生などが検索できる。

　ＳＮＳで発信するとき、注意点を理解する必要がある。総務省は「国民のための情報セキュリティサイト」を全面刷新し、ＳＮＳ利用上の注意点を説明している。教員はこれを使って説明したい。ルールを守って利用させれば、ＳＮＳは世界中の人々へメッセージを発信できる有力な武器である。

6　デモや集会に参加する

　憲法21条に「集会、結社及び言論、出版その他一切の表現の自由は、これを保障する」と書かれている。デモや集会は基本的人権の一つであり、国籍に関係なく保障されている。デモはプラカードや風船を持ち、シュプレヒコールを行ったり歌を歌ったりしながら車道を行進し、沿道の人たちに自らの主張を訴える行動である。集会は多数の人が同じ目的を持って、一時的に一定の場所に集まって行動することである。探究学習で得た考えや結論と、デモや集会の趣旨とが一致すれば、これらに参加することで意見表明となる。

　考えや意見は外部に表明され、他者に伝達されてはじめて社会的効用を発揮する。　表現の自由は言論活動を通じて自らの人格を発展させながら、自己実現を目指している。また言論活動によって、国民が政治的意思決定に関与するという社会的な価値の意味も持っている。デモや集会は、高校生の人格形成にとっても重要な人権の一つと考えてよいだろう。

　18歳選挙権の導入を受け、文科省は「Q＆A」集を作成し、高校生のデモや集会への参加を「届出制」とした。必要があるならば届け出て、デモや集会に参加させたい。

4　仲間とともに意見を表明する

吉田　俊弘

1　はじめに

　探究学習は、ひとりでも取り組めるし、グループをつくって進めることもできる。いずれにしても、問いを立て、調査し、考えていくと、学習前にはたどり着けなかった発見があり、研究対象に対する見方や考え方がより深くなっていることに気づくのではないだろうか。とくにグループによる学習成果は、メンバーが互いに検討しながら到達した考えであることから、ひとりで思いついたときよりも遥かに洗練され、論理的で説得力のある意見へと高められている可能性がある。そんなときはグループの意見を仲間の中だけで留めておくのではなく、社会に向かって発表してみるとよい。意見表明がきっかけとなって新しい関係が築かれたり、思わぬ反応が返ってきたりすることで、意見表明の社会的な意義を感じられるであろう。

　本章では、グループで意見をつくり表明するにはどのような手段があるか、学習のプロセスを踏みながら紹介してみたい。

2　学習会を組織して自分たちの意見を発表してみよう

　学校の授業では、社会科や公民科などで多様なテーマが取り上げられるであろう。生徒が興味を持ったときには、関心を持った生徒に呼び掛け、テーマごとにグループをつくり、学習会を行うことを提案したらどうだろうか。

　放課後などを利用して、月に数回のペースでテーマに関する資料を読み合わせたり話し合ったりする機会をつくるほか、土日や長期休業を利用してフィールドワークに出かけ、聞き取りを行うこともできる。教師は、そのような学習の手掛かりを与えたり、テーマに関係する社会人と生徒をつないだりする、いわば学習のコーディネーターの役割を果たすことになる。そこでは、参考文献

➡78ページ

や資料の紹介のほか、フィールドワークの訪問先について助言すること、インタビューなどで行う質問づくりへのアドバイスなどが求められることになろう。

3 学校行事やコンテスト・コンクールを利用して意見を表明してみよう

テーマに対する調査が進み、認識が深まってきたら、グループとしての意見をまとめ、発表してみよう。タイミングがあえば授業の中で発表できるし、文化祭や弁論大会などで発表の場があれば、それを目標にして取り組むことができる。また、学校内で適切な時期に発表の機会がない場合には、学外のコンテストやコンクールに応募してみるのもよいであろう。近年では、大学や自治体、企業などが様々なコンテストを企画しており、これらの機会をとらえて応募することもできる。テーマによっては、その分野の専門家による講評もいただけるので励みになるであろう。

➡130ページ

このようなコンテストの例はたくさんあるが、ここでは、日本経済新聞社主催の金融・経済学習コンテスト、「STOCKリーグ」を紹介してみよう。一般に株式投資というと目先の利益を追い求めるイメージが強いが、「STOCKリーグ」は、株式投資の仕組みを知るだけではなく、社会問題を認識したりその解決策を考察したりするきっかけにもなる取り組みとなる。参加者は、社会課題に対する問題意識を研ぎ澄まし、魅力的な問いを立て、株式投資をどのようにその解決策に生かしていくかを議論し、説得力のあるレポートにまとめて発表している。

入賞作品は「STOCKリーグ」のWebサイト（https://manabow.com/sl/）に年度ごとに掲載されているので参照してほしい。例えば、2010年度の中学部門・部門賞を獲得したグループは、学習を通して株式投資は「儲ける」ためというよりも投資先の企業を「育てる」ためのものでもあることを発見している。水ビジネスへの投資をテーマにしたことで、節水や下水処理などの環境問題や貧困を考えるきっかけができ、産業に対する意識が変わったとも述べている。なお、このメンバーは、大学生になってグループを再結成し、少子高齢化と過疎化が進む地方において持続可能な街づくりをどのように実現できるかを研究することにした。その成果は、「コンパクトシティ——投資で創る未来の街並み」というレポートに結実し、2016年度「STOCKリーグ」の最優秀賞を受賞した。持続

可能な街づくりを実現にするには、行政に依存するだけでなく民間投資が必要であると説くこのレポートは、私たちに多様な視点を提供してくれる。

コンテストには、経済・投資関係だけでなく、政治や人権に関わるコンテストもある。認定ＮＧＯ法人・ヒューマンライツ・ナウが主催する「世界子どもの日人権映像コンテスト」（https://hrn.or.jp/speech/）は、小学生から18歳までの人々を対象に人権に対する思いを述べたり人権意識を向上させたりする映像作品の制作と発表を参加者に呼び掛けている。こちらは、長大な論文執筆というスタイルではなく、自身の思いを映像にして表現しようとする取り組みとなっており、「学び」、「考え」、「発信」することで、より良い未来を築く一歩を踏み出すきっかけともなっている。

4　学外の人々とつながり意見を交換してみよう

次に、生徒が海外の学校やＮＧＯと連携しながら意見を交換する方法を取り上げてみよう。

例えば、倉敷の清心女子高等学校の「社会探究Ａ」の授業では、フィリピンの現地ＮＧＯ法人「ミンダナオ子ども図書館」とオンラインによる国際交流会を企画し、口頭発表やワークショップを開催している。また、学校によっては海外の提携校と学習発表会を通して交流したり、相互訪問の機会を設けたりしている例もある。海外にいる人々との交流は、オンラインでも可能となっており、新たな知見を獲得するうえでも有益である。

そのほか、学校から離れ、ＮＧＯやＮＰＯの主催するイベントや学習会に参加し、意見を表明する機会もある。例えば、「Fridays For Future」は、各地で➡149ページ気候変動対策を訴える「世界気候アクション」を開催しているが、そこでは、高校生の有志も参加するマーチやスタンディングなど多様なイベントが企画されるほか、読書会や社会問題について話し合う機会も設けられている。

5　学んだ成果を立法・行政などに働きかけてみよう

本書の中には、「選択的夫婦別姓」問題に取り組んだ立命館宇治高等学校の実践が紹介されている。本実践では、選択的夫婦別姓の導入を請願するという形➡84ページ

で実を結んだが、請願書の作成という実践は、請願権の行使であり、自らの声を政治に届けるという点において有意義な取り組みといえるであろう。

選択的夫婦別姓制度の導入を求める請願書

請願の趣旨

　学校の授業で選択的夫婦別姓について学ぶ機会がありました。深く調べていくにつれ、選択的夫婦別姓制度を導入するべきだと考えます。

　この制度は人々に選択の自由を与えられる有効的な制度だと考えます。例えば、戸籍という日本の伝統を守るために同姓にすることも、ジェンダー平等を目指して別姓にすることも認められるのです。私たちはこのような選択できるという大きいメリットを持つこの制度が導入されないことに疑問を抱いています。加えて最近、選択的夫婦別姓の導入の代わりに通称使用の拡大を進めることが注目されています。しかし、二重管理コストがかかることや海外では通用しないことから代役は務まらないと考えます。同姓の選択肢しかない今、悩みを抱える人たちを助けたいです。また私たちが今後、成人して同姓か別姓か選択する時には自由に選択できるようになって欲しいです。だから私たちは今行動することが必要だと感じ、活動をしています。以上により、地方自治法第99条の規定により請願を提出します。

請願事項

　　1.　国に選択的夫婦別姓の導入を求める意見書を提出すること。

令和　年　月　日

京都府宇治市議会議長

堀　明人　様

5　政治や司法のしくみを知る・実践する

今 陽童

1　はじめに

　民主主義国家における主権者には国家そのものの舵取りを自ら行うことが期待されている。制度はそのための道具であり基盤であり、政治や司法のしくみを知ることは民主主義国家の運営方法（マニュアル）を学ぶことである。私たちは、実際に民主主義国家を運営するために制度の学習を行うのである。

　とはいえ、政治家や法曹、あるいはその周辺で働く人々でなければ政治や司法を身近に感じることはあまりない。自分が民主主義国家の運営に関与している実感を持っている人は大人のなかにもそうはいないだろう。そこで、本章では、政治や司法を身近に感じることのできる学習を通じて、政治や司法につながっていく道筋を探ってみたい。

2　政治や司法を「模擬体験」する

　社会科・公民科の授業には「模擬○○」と題する実践が数多くある。模擬裁判、模擬議会、模擬請願、模擬国連……。最近では模擬投票（模擬選挙）が特にさかんである。ある一定以上の世代では、社会科・公民科の授業を「三権分立とは～」「国会の仕事は～」「内閣の機能は～」と網羅的・解説的に受けてきた人が多いだろう（現在でもそうした授業は少なくないかもしれない）。近年、アクティブ・ラーニングの流行や学習指導要領の改訂により、社会科・公民科の授業も探究型で組織されることが増えてきている。制度学習もまた、「選択的夫婦別性を実現するには」とか「冤罪事件の再審請求を行うには」といった主題を設定し、その主題に沿って法案の成立過程や裁判の流れをたどっていくようにすれば、抽象的で無味乾燥な暗記学習から脱却を図れるだろう。

　制度学習をさらにリアリティやアクチュアリティに富んだ実践的な学習にす

るには、「模擬○○」を取り入れると効果的である。すなわち、模擬裁判や模擬議会など、実際の制度を模して体験的に学習するのである。とはいえ、「模擬○○」の実践経験に乏しい教師の場合、いきなり授業に取り入れるのはハードルが高いだろう。そこで、外部に力を借りてみたいと思う。

　18歳選挙権が実現してから、全国各地で模擬選挙（模擬投票）の授業が行われるようになった。若年層の投票率向上のために、現在では各地方自治体の選挙管理委員会（選管）が模擬選挙の授業に積極的に協力しており、選管が自ら出前授業を行ったりしている。模擬選挙用に架空の候補者を仕立てての政策や公約まで拵えたり、投票箱や投票用紙も実物を用意してくれるため、生徒はリアリティをもって「投票活動」が体験できる（ただし、選管が考案する模擬選挙の候補者や政策内容は、戦国大名を真似るなど現実とはかけ離れたフィクションであることが多いため、過去に実際に行われた選挙を教材化するなど、教師がより現実に近づける工夫が必要である）。

　自治体によっては模擬議会を実施しているところもある。小学生向けから中学生向け、高校生向けまで様々にあるが、自分の住んでいる自治体が実施している場合は積極的に利用したい。残念ながら実施していない場合でも、議会傍聴や見学は地方自治体から国会まで可能である。クラス単位や学年単位で出向く場合、事前の予約が必須になるが、実際に「政治が動いている」場面を生で見る経験は貴重であろう。なお、本格的な模擬議会の学習の手引きとしては、総務省と文部科学省が作成し、毎年高校1年生に配布されている副教材『私たちが拓く日本の未来――有権者として求められる力を身に付けるために』が大変参考になる。同書は総務省のホームページからも閲覧・入手が可能である。是非とも活用したい。また、議会の様子はインターネット上で公開され、動画は「インターネット審議中継」サイトで過去も含めてみることができる。国会の場合はマスメディア（特にNHK）による中継もされているが、法政大学の上西充子教授が行っている「国会パブリックビューイング」が非常に面白い。上西教授ご本人による解説動画もあり、生徒には是非とも視聴させたい。

　近年の法教育の発展や裁判員制度の導入を契機として、模擬裁判についても法務省や弁護士会が多様な教材や出前授業を用意している。その中には裁判手続きを理解するための「シナリオ型」や事件の記録や、証拠をもとに法律構成や尋問内容を考える「創作型」など、多様なものがある。こちらも小学生向けから

高校生向けまで揃っており、密度の濃い体験学習が期待できる。実施にあたっては、法務省の法教育のサイトを調べたり、地元の法務局や検察庁、あるいは弁護士会に相談すると良いだろう。また、議会同様、裁判も傍聴可能である。中高生向けの裁判傍聴には軽犯罪の刑事事件が設定されることが多いが、実際の裁判を目の当たりにすることは中高生に強い印象を残すようである。裁判傍聴や模擬裁判の事前学習として、NHK教育テレビジョン（Eテレ）が作成した「昔話法廷」を視聴すると面白い。実際の裁判の進行やどんなところが争点になるのかを事前に楽しく学んでおくことができる。

　模擬国連は、日本では「グローバル・クラスルーム日本協会」が主催しているコンテスト形式の探究型学習活動であり、国内の大会で最終選考に残ればニューヨークでの世界大会への出場も可能である。本格的なコンテスト形式の模擬国連ではなくても、授業で実施する場合は、生徒は数か国のチームに分かれ、各国の代表者となって地球温暖化や核軍縮などの議題について代表する国の立場や利害を調べ議論に参加するような学習を組織することができる。その場合、飯島裕希「高校模擬国連の動向と授業への活用」『民主主義教育21』Vol.15（同時代社、2021年）や、グローバル・クラスルーム日本協会の発行する教員向けの「模擬国連会議導入・実践の手引き」が参考になるだろう。

3　政治や司法を「実践」する

　以上の体験学習を経て、私たちは政治や司法をどう「実践」すればよいのか。最も手近で簡単な政治の実践方法は（18歳以上に限定されるが）投票だろう。政治的投票には、地方選挙、国政選挙のほか、住民投票、国民投票などあるが、前二者は数年に1回の割合、後二者は一生のうちに一度もない場合も多い。選挙は政治を実践するうえで手近だが重要な方法である一方、選挙後は市民が監視をし続ける必要がある。18世紀の思想家ルソーは「イギリス人は選挙のときだけ自由である」と言ったと伝えられるが、公約に違ったり法的あるいは倫理的に抵触する行為がある議員を批判したり糾弾することがない限り、民主主義は形骸化してしまう。監視と批判は市民の責務と言えるだろう。

　近年では、高校生議会が設けられている地方自治体がある。模擬議会の範囲を超えないところも多いが、高校生議会に一定の権限をあずけているところも

ある。また、福井県の鯖江市役所には「JK課」があり、鯖江市のまちづくりに女子高生たちがユニークなアイデアを様々に出しながら市政に携わっている。自分たちの自治体にすでにそうしたプラットフォームがある場合は、積極的に関与していくといいだろう。一方、まだそうした基盤がないところでは、高校生模擬議会やJK課のような先人たちの立ち上げ活動に学びつつ、自ら基盤を築いていくのも、非常にやりがいのある政治の実践方法だろう。

　刑事裁判では裁判員の資格年齢が18歳以上に引き下げられた。民事裁判では「未成年者…は、法定代理人によらなければ訴訟行為をすることができない」（民事訴訟法第31条）との規定があるが、成年年齢が18歳になったことを受け18歳から単独で提訴等の訴訟行為ができるようになった。これらは、司法の「実践」を考える上で注目しておきたい動向の一つである。大阪府で2017年から22年まで争われた「黒染め指導」訴訟は、18歳の高校生が自らの権利回復のために提訴した事例である。2015年、大阪の府立高校に通っていた生徒が、生まれつき茶色い髪を黒く染めるよう繰り返し指導されて精神的苦痛を受けたうえ不登校に追い込まれた事件があった。生徒側は2017年に大阪府を相手取って大阪地裁に提訴した。一審で地裁は府側に33万円の賠償を命ずる一方（原告側の請求額は約220万円）、校則や教諭らの頭髪指導に違法性はないとした。原告側は大阪高裁に控訴したが、高裁は一審判決を支持。最高裁まで争うことになったが、最高裁は原告側の上告を棄却し、指導は違法でなかったと判断した一審・二審判決が確定した。だが、この事件をきっかけに、全国的に校則の問い直しが行われるようになった。教育学者の内田良氏と評論家の荻上チキ氏は『ブラック校則』（東洋館出版社、2018年）を上梓、NPO法人カタリバでは「みんなのルールメイキング」と題する校則見直しのプロジェクトが始動した。一人の高校生が自らの権利を主張する闘いに身を投じ、権利の回復はかなわなかったが日本中を動かすきっかけを作ったのである。

　訴訟の当事者ではなく協力者になることもまた司法の実践である。黒染め指導の裁判は終わったが、また別のところで自らの権利を主張する者が現れるかもしれない。そのとき、当事者や彼／彼女を支援する人びとの主張が正しいと判断するに足るものであるならば、何らかの形でその人を支援してみてはどうだろう。それもまた司法の実践であり、そうした実践がやがては社会をより良い方向に変えていくかもしれない。

6　社会の課題の解決に向けて実践する

杉浦　正和

1　はじめに

　探究学習は理想として、生徒自身の問題意識から問いを立て、関連する情報を収集し、社会に存在する問題現象を確認した上でその原因や現状について分析して、何らかの解決方向を見いだすものである。その多くの問題はすでに大人が気づいて考察し、様々な解決策が提示され模索されているだろう。このため、高校生が問題意識に基づいて考察したとはいえ、実生活と直接関係のない他人事として捉えただけの場合もある。だからこそ、社会とつながって実際に自分で社会を変化させる行動までを考える視点を持たせたい。

　ここでは「課題解決に向けた実践」と題したが、高校生としての様々な限界や制限があるから、解決実践までやらなければ無意味とは言えない。しかし、自分で取り組める解決行動を具体的にイメージし、「自分ごと」の課題として真剣に考察して、探究結果に深みと実効性が増すことを期待したいのである。

2　NPOを中心とした活動への協力や行政施策の改善促進

　子どもの貧困のテーマで、注目されているひとり親家庭の問題解決について探究することを考えてみよう（第3部第2章のテーマ）。調べると多くの市民団体がこの問題に取り組んでいるとわかる。NPOが中心となって支援活動の仕組みをつくり、行政や企業などと協力して資金などを集めて様々な支援を行っている。この問題に関して、資金や食料品などを寄付したり、困っている家庭に対してNPOの活動を紹介したりすることは、この問題解決の実践ではあるけれど、現存する解決活動に協力することである。あるいは、NPOが子どもの貧困の現状を社会に広く伝えているので、周囲の人々と議論し関係の子どもの実態を聞いてそれらの意見をNPOに伝えることも解決活動への協力となる。

さらにＮＰＯのメンバーとなって、食料品配送や食事提供、子どもの学習支援などに関われば、解決活動への参加と言えるだろう。

この他に、議員や議会などの様々なルートを通じて、行政機関に対して制度の問題点や不足点を訴える政治的な活動がある。自治体の行政施策を改善してひとり親家庭への支援を充実させることをめざすのである。

しかしこれらの行動は、ひとり親家庭が直面している困難を解消する仕組みを考案し創出するものではない。その仕組みに協力したり広めたり、そうした仕組みを行政に提案し制定を促す行動である。本章では、直接に困難を排除しその発生そのものを抑える仕組みを創りあげることを考えたい

3　社会的責任を果たすＣＳＲ活動と社会的価値を実現するＣＳＶ活動

前節で紹介したＮＰＯなどの問題解決活動では、私企業から資金や物品などの支援を受けることが多いが、そうした支援が企業にとって直接の利益となることはない。しかし企業は、その商品を買っている国民が幸福な生活を営み、企業が活動している地域や社会が健全に機能していることで、安定して存続し続けることができる。つまり、企業にとって国民や社会の維持が存在基盤となっているので、企業には社会的責任(Corporate Social Responsibility)があると考えられるようになった。その結果、地域の行事への寄付や参加、様々な社会問題(環境保全や防犯、弱者支援や災害時支援など)の解決への寄付や協力を行う活動が広く行われている。これが企業のＣＳＲ活動である。

これに対して、それは企業にとって副業的なものであり、言わば広報戦略として行われるという批判がされる。代わりに、企業の提供する商品が社会問題解決に直結すべきだ、というのが共通価値の創造(Creating Shared Value)であり、社会的価値と経済的価値＝利益を同時に実現する経営戦略である。途上国の貧しい農民を支援するとき、フェアトレードのように購買価格を上げるのではなく、作物の育成技術を改善し地域の供給体制を強化して、農家と企業が双方とも利益が上げられるようにする戦略である。これがＣＳＶ活動と呼ばれる。こうした環境保全や省エネに貢献する商品の開発に注力する企業は多い。しかし、そうした商品のみを提供するという企業経営は難しいだろう。

4　社会問題解決のための企業、ソーシャルビジネスのあり方

　特定の社会問題に焦点を当ててその問題解決を企業活動＝事業とし、利潤をあげつつ持続的に問題解決の範囲を広げる企業をソーシャルビジネスと呼ぶ。→138ページ以下
ＮＰＯのように活動資金を寄付に頼ることなく、市場において一般企業と対等に競争しながら事業を行い、そこから得られる利潤を、事業の持続性を高めることと解決できる社会問題を広げるために使うのである。個人の経営者が存在する点で資本主義的企業であるが、企業利益増大が第一の目的ではなく、社会問題の解決を第一目的とする事業組織である。具体例をあげよう。

　日本では外国人に警戒感を持つ大家が多いため、外国人が部屋を借りにくいという問題があった。特に留学生が困っていて、彼らは日本に滞在しながら日本人との交流機会が少なかった。この問題に取り組んでソーシャルビジネスを確立した会社がある。彼らは、協力してくれる大家さんを見つけて家賃を保証し、社員でリフォームして「ボーダレスハウス」と呼んだシェアハウス事業を立ち上げた。孤立していた留学生が日本人と共に住みやすくなり、結果として国際交流が広がった。そうすると、このやり方を真似た会社が増えてきた。しかし、この会社の目的は不動産ではないので、稼働率を犠牲にしても借家人の国籍をバランスさせて多様性を維持するのである。その分利潤が少なくなるので20棟以上を運営してようやく黒字化に成功した。こうして得られた利潤は、仲間の社会起業家たちを援助するために使われ、この会社は社会起業家の相互扶助のシステムとなっている。

　この他に、政治参加を促す社会起業もある。市民の声を拾い上げ議論を集約して政策提案する参加型民主主義の試みには、オンラインの合意形成プラットフォームが活用される。バルセロナの開発したDecidimが有名であるが、こうしたものをソーシャルビジネスとして若者たちが開発し、市民と行政の活発な議論を支えているのである（合同会社 Liquitous Inc. http://liquitous.com/）。

5　小さな場の問題解決を目ざして解決のあり方を具体化する

　社会問題には、ルール変更や制度改革によって解決が進むものと、生活のあり方を実際に変えることでしか解決できないものがある。先のひとり親家庭の

問題で言えば、日本はひとり親の貧困問題が深刻だと指摘されていた（ＯＥＣＤが2000年代半ばから日本における母子家庭の貧困の深刻さを問題視）が、最近子どもの貧困が問題になる中でようやく注目されるようになった。親の就業率が8割と高いにもかかわらず、政府や離別した父親からの支援が少なくて、先進国の中でも特に深刻な状況となったままである。ここには、非正規労働者の低賃金や社会保障制度の欠陥、離婚後の養育費納付の不払いなど複雑な原因が絡み合っている。すでに述べたようなＮＰＯの支援があるものの、この問題に焦点を絞って、根本的解決をめざす政策提案や問題解決活動があるようには思えない。日本社会のあり方と根本的なところで関係していて、単純な制度改革で解決するのが難しい問題の一つなのだろう。

　先の「ボーダレスハウス」で考えると、一定の解決が行われたとはいえ、大家が外国人や高齢者に家を貸すのを嫌がる現象がなくなったわけではない。しかし、問題を特定のものに絞り込めば解決策を見いだせるということである。この会社では、社会起業家に対して解決したい問題を具体的に捉えることを重視させている。

　社会問題の「現状」として、誰のどんな課題なのかを対象者の顔が見えるくらいに具体化する。次に、解決後に実現したい「理想の姿」を具体的かつ明確にイメージする。そして、表面的な課題の裏に存在する根本原因を突き止める。多くの原因があっても、その中で一つでも解決することをめざすのである。他の社会起業で徐々に他の原因もつぶしていくという考えである。このように、事業を行えるほど詳細に問題現象を分析し根本の因果関係を解明して、最終解決としてめざす状態のビジョンを持つことが決定的だと言っている。ビジネスの具体的なやり方は、実際の事業活動で苦しみながら模索するしかないので、「対策」を安易に考えることを諌めているのである。

　ここから学べるのは、どこのどのようなひとり親を対象にするのか、食料品を届ければ解決するのかを問うことである。様々な社会とつながるアクションがあっても、本当に問題を解決するのは、問題をできるだけ絞って一つでも根本原因を見つける中でしか生まれない。このことを念頭に置き、問題解決に向けて高校生が探究を深めることを期待したい。

【文献・資料】
田口一成『9割の社会問題はビジネスで解決できる』ＰＨＰ研究所、2021年

7　困ったときに救済を求められるようになる

池田　賢太

1　はじめに

　社会とのつながりを探究していく中で、様々な社会的課題に突き当たる。インターネットやスマートフォンの普及は、生徒が多くの情報と接する機会を与え、探究を進めることに寄与している。情報に接したり、探究を深めていく中で、これまで生徒自身が気づいていなかった自分自身の困りごとに気づいたり、あるいはもっと直接的に問題と向き合うことを強いることもあるように思う。

　生徒にとって、困ったときに救済を求める相談相手となるのは、親や教員といった身近な大人だろう。しかし、その相談が適時にかつ適切になされるとは限らない。むしろ、深刻な相談であればあるほど、身近な大人には相談できないということもあるだろう。社会に出ればなおさらである。

　本章では、まず自分自身の困りごとを言語化し、その困りごとを解決する手段を調べ、解決の選択肢として専門家への相談を選択肢に加えるというプロセスを示してみたい。

2　自分自身の困りごとを言語化してみよう

　筆者は、日常的に法律相談という形で困りごとに向き合っているのだが、自分自身の困りごとを適切に言語化できている人は意外に少ない。目の前の困難は言語化できるけれども、その原因となる出来事や事実関係あるいは心情を言語化することは、我々が想定する以上に困難な作業であったりする。目の前の困難が精神的な負担となっていて原因に向き合うことができないという場合もあれば、気づいていないということもある。

　困難を解決するためには、まずその困難がいかなるものであるのかを把握しなければならない。いま起きている問題（結果）と問題が生ずるに至った過程を

腑分けする必要があるのである。この腑分けによって、助言者・伴走者は、当事者の困難を追体験し得るし、解決への糸口を見出すことができる。さらには、当事者自身が問題解決へ向けて行動することができるようになる。

3　困難は分割せよ

とはいうものの、当事者にとってこの課題は一朝一夕にできるものではない。まずはキーワードを羅列するところから始めることになる。文章化は困難でも、キーワードの羅列はできることが多い。自分の抱える問題を端的なキーワードに落とし込むことができれば、インターネットでの検索ができるようになる。検索して得られた情報が正しいかどうかはともかく、同じような問題を持つ人がいて、それに向けての解決方法が発信されていることに気づくことができる。

　キーワードの羅列というのは、問題の解決にとって、実に重要な役割を持っている。長々と文章を打ち込んで検索するよりも、キーワードを羅列することでより適切な検索になることは周知の事実である。

　これは、現に生じている困難な問題は、いくつかの要素が組み合わさって複雑化しているからに他ならない。かつて、デカルトが「困難は分割せよ」と述べた通りである。困難な問題をそのまま受け止めようとすると、いつまでも困難なままで終わってしまう。その問題を自分自身が扱える程度にまで分割していくことによって、的確な現状認識につながるし、適切な情報へのアクセス可能性が高まる。また、この分割作業をしていくと、事実と評価の切り分けもできるようになる。問題となっている「事実」と、その解決が困難であるとか複雑であるとかといった「評価」とを切り分けていくことになる。この「事実」を分割することで、解決への糸口が見つかる。

4　奨学金問題を例にして考えてみる

　筆者が取り組んできた問題の一つに、奨学金問題がある。奨学金問題に一義的な定義はないが、筆者は「学費の高騰と家計の悪化が学費における貸与型奨学金への依存度を高めている中で、雇用の流動化が進み、とりわけ若年層が経済的困窮に陥っているにもかかわらず、不十分な救済制度しかなく、現状に逆

行するように回収強化策が取られていること」と定義している。

　この定義は、いくつかの要素が入り混じって作られている。まず大きく入口と出口の問題に切り分けられる。すなわち、学費が高いという奨学金を借りざるを得ない段階―入口段階―の問題と、経済的困窮という卒業後の返還段階―出口段階―の問題に切り分けるのである。入口段階の問題を深めていくには、国公立大学と私立大学の学費の変遷や学費負担者の可処分所得の推移、国家予算における文部科学予算、とりわけ高等教育関連予算の割合とそれに反比例するように増大する防衛予算などが検討課題に入ってくる。他方、出口段階の問題を深めていくには、若年層の雇用環境や経済状況、返還困難者の属性分析、借入（返済）金額の多寡、強化された回収制度などが検討課題に入ってくる。

　このように複雑そうに見える定義を分割していくことで、検討すべき課題が明確になっていくのである。

　生徒が奨学金問題について当事者意識をもって学ぶ最初の動機は、入口段階の大学進学時の費用問題であろう。学費が高いから奨学金を借りるということは、大学生の半数以上が日本学生支援機構などの奨学金を借りている現状からすれば当たり前の状況なのかもしれない。しかし、いくら必要なのかという問いに対する答えは生徒によって異なる。単純に学費が高いから奨学金を借りるというのであれば、有利子の第二種奨学金の上限額である月額12万円（私立医・歯学は16万円）まで借りることも視野に入るが、その結果、4年間の貸与金は元金だけで576万円になってしまう。そうすると返還困難になった時にどうするのかという出口段階の問題が頭をもたげることになる。入口段階では予測不可能な将来の経済状況を検討することになる。そして、奨学金問題は解決困難で複雑なものとして思考が停止してしまう。

　入口段階で出口を見据えるとすれば、貸与金額をいくらに設定するかということが重要である。そのためには、希望する大学が国公立なのか私立なのか、自宅から通えるのか、親の学費負担が可能なのか、可能だとして具体的にいくらなのか、学費以外の教科書や通学費用などの目に見えない学費負担はどうするのか、アルバイトをするのか、などなど問題を分割して検討する。これらの検討を通じて、その生徒にとって適切な金額が見出せるのである。

　出口段階でも同様である。単純に返せないというだけではいつまでも問題は困難なままである。現在定期的な収入はあるのか、返済を援助してくれる人は

いるのか、すでに延滞しているのか、現在よりも低額であれば返済できるのか、返還猶予などは利用できるのか、奨学金以外に借金はあるのか、選択した保証は人的保証か機関保証か、法的手続をすでに取られているのか、などなど検討すべきポイントごとに問題を分割していくのである。

5　専門家に相談してみるという選択肢を持つ

このように問題を分割し、いくつかのキーワードにしてインターネットで検索をしてみると、様々な情報に触れることができる。そこに現れる情報は、まさに玉石混交である。その中からより適切な情報にアクセスするためには、そのキーワードがいかなる分野に属するものかを見極め、その分野の専門家が発信している情報のいくつかにアクセスしてみるということが必要になる。

奨学金問題の入口段階では、希望する大学の発信する最新の学費情報、その大学がある地域の賃貸情報、あるいは家計上のアドバイスとしてはファイナンシャル・プランナーという専門職へのアクセスも考えられる。他方、出口段階では、日本学生支援機構の減額・猶予・免除制度や、法的手続に入っているのであれば弁護士への相談が必要になる。

もとより、生徒にとって専門家へ相談するというハードルは高い。しかし、問題を分割しておけば、質問すべきことが明確になっているので、専門家の選定が容易になり、的確なアドバイスを受けることができる。課題の探究過程は、その生徒が困ったときに救済を求める道しるべにもなるのである。

もっとも、かかる指導が行き過ぎると、困難を抱えた生徒に対し、課題の自己解決を強い、自己責任を強化する隠れたカリキュラムとなりうる。極論すれば、生徒に求められる能力は、気づいてもらうということに尽きると思われる。他者に気づいてもらうことにより、問題が顕在化する。他者に気づいてもらい、ともに問題を解決した経験が信頼感につながる。その信頼感が、社会とのつながりを醸成し、他者の困難に気づけるようになる。課題探究を通じて、他者の困難に気づくという「優しさ」と同時に、自分自身の困難に気づく「優しさ」と助けを求めて声を上げる「強さ」を涵養したい。

第3部
生徒と探究したい22のテーマ

A．学校と子ども

1　校則──制服のない学校で制服について考える

和田　篤史

　昨今、生徒からの校則に関する問題提起が目立つようになった。その生徒を支援する弁護士などのアピールもあり、一般に「ブラック校則」として問題意識が共有されるようになった。そのような社会状況の中、本章では、課題研究の導入として制服について書かれた新書を読ませ、さらに追加で資料を収集させた上で制服、あるいは校則に対する意見提言をさせた実践について述べる。

1　課題の設定

　勤務校では、高校2・3年配当の「総合的な探究の時間」を「課題研究」として文理別に展開している。文系の2年次では研究の定義から3年次で1年間かけて探究するテーマを定めるところまでを扱っている。このうち1学期は課題図書を与え、そこにある主張とそれに関連する資料を収集させた上で、課題図書に関連する何らかの提言をさせることを行っている。

　ここ2、3年は岩波ブックレットから4冊を指定し、生徒の希望する1冊について2名ないし3名の班を作って一つの提言をさせていた。ただ、きちんとする1人に押し付けてしまうことが散見されたので、今回は1人で最後までさせきることにした。また、題材としては世論に加えて校内でも生徒会を中心として議論が行われている校則を取り上げることとし、『学校制服とは何か　その歴史と思想』（小林哲夫、朝日新書、2020）を指定することにした。

　勤務校の校則は寛容であると言われている。制服をはじめとする制定品が少ないこと、スマートフォンの持ち込みや休み時間の連絡ならば使用も認めていることなどに見られる。また、ピアスや化粧などは禁止の上で注意指導は与えているが、停学などの処分ありきでの指導は行っていない。

　この実践を行った時点で生徒会が問題にしていたことはアルバイトの禁止であった。現行規定では、多くの高校の申し合わせで認めている年末の郵便局でのアルバイトを除くと家庭の経済事情がよほど悪化しているとき以外には認めていない。その趣旨は学習やクラブ、学校行事など高校生だからこそできることに注力してほしいということを掲げている。

　ただ、これについては生徒から他校で認められているケースが多くなっていることや18歳成人制が導入されたこの機会に議論を行いたいと提案された。その上で、生徒会としてはクラス内でのディベートや教員に認めない理由を聞くなどの取り組みを行っていた。

　その中で、教員としてもアルバイトを禁じるのはなぜかということを考えるきっかけが与えられた。賛否合わせて種々の意見が出されたが、論点としては以下のような点があった。

・アルバイトで得られる経験は学校での取り組みで得られる経験に優るか？
・反社会的な仕事やトラブルに巻き込まれるリスクをどう考えるか、またその点に学校はどこまで介入しうる（すべき）か？
・禁止の趣旨の一つはいわゆる時給労働に時間を費やすことがもったいないというものだが、起業や投資、芸能活動を同じ範疇にくくってよいか？

　このように現状として禁止されており、なおかつ一定の議論が進んでいるアルバイトを取り上げることも考えた。その意味では、すでに自由である制服を取り上げることは生徒が自分の問題として取り上げにくいのではないかという懸念もあった。ただ、一冊の本の精読をさせることが第一にあること、中学生のときは制服を着ていたこと（半数以上が同じ敷地内の中学校からの学内進学であるが、中学生には制服を指定している）、昨年度の生徒会議論ではピアスや化粧を認めていない規定について取り上げられたことなどから本実践では校則の中でも制服を取り上げることにした。

2　情報の収集

　本実践は、ゴールデンウィーク前から夏休みにかけ行った。スケジュールとしては以下のとおりである。
　事前（ゴールデンウィーク前）：課題図書を配付し通読すること、および現在

と中学生時代の校則についての感想を求める。

　1回目：指定された13〜14ページを精読し、要約を作成する。なお、その要約はクラスで共有する。

　2回目：課題図書の趣旨を踏まえ、制服に限らず校則の問題点を提起し、それに関する解決策の原案を検討する。

　3〜5回目：2回目で立てた問題点と解決策につき検討を深める。

　6回目：問題点と解決策を5〜6人のグループ内で発表する。

　事後（夏休み課題）：発表した内容を1200字の小論文にまとめる。

　校則そのものについて理解を深め、生徒会が提起する議論につなげることも目標の一つではあるが、あくまでも文社系課題研究の流れを経験させることが趣旨である。そこで、論点の絞り込みと自分の主張に説得力を与えるような資料の収集を主な活動として取り入れた。

　前者については、学校種や校則の内容（身だしなみ、アルバイト禁止など）に加え、校則に関する当事者と議論の方向を定めるように指示した。当事者は生徒や教師、保護者に加えOB・OGや近隣住民、受験希望者などもそうであるということを「当事者は誰であるか」という問いかけから引き出した上で誰の視点から議論するかを決めさせた。

　後者については、校則に関するインターネット上の記事を最低でも3件、時間が許す限り集めて報告させる時間をとった。本来であれば書籍や学術論文にも挑戦させるべきだが、この取り組みにかけられる時間を考えると簡便な手段であってもまずは他者の見解を見せることを重視してこのような形をとった。なお、1980年代の古い資料ではあるが校則に関する体系的な議論がなされた坂本秀夫『校則の研究』については、この取り組みの期間中は自由に読めるようにしておいた。

　議論の方向だが、事前課題で校則に関する感想を書かせたところ校則そのものの是非を問題視する意見に加え、規則としては存在しているものの遵守していない生徒が散見されることに加えて教師もそれに対して十分な指導をしていないという批判をする意見もあった。このことを受け、「校則のありかた」か「校則は正しいものとして、どうそれを生徒に守らせるか」のいずれかを選んで検討させることにした。

　その際、自分自身の議論を行わせる前にどのような立場の人であればどのよ

うな考えを示すであろうかを列挙させた。後述する通り、自分と対立する意見についても言及することを求めた。その際に、異なる立場からの意見を組み込むことが有効であると考えたためである。その際には、ある規定について賛成・反対のほか「条件付き賛成」という立場があることを意識させた。そうすると、例えばアルバイトについて「成績が一定水準にあることを条件として認めてよい」などという意見が出やすくなった。

3 整理・分析

ここでは、グループ内発表で作成したスライドに基づいて議論を行う。

取り上げた具体的な規定としては高校生、即ち現在の自分に関わる規制としてのアルバイト禁止と制服を含む身だしなみに関する規定がおよそ半々であり、少数派として高校生の下校時間や、中学生の部活動強制加入や寄り道の禁止、あるいは小学生に対するシャープペンシル禁止などがあった。これらにつき、ほぼ全ての生徒が自分たち生徒の目線から現状の校則の問題点はこのようなものであり、規制を緩和する方向でこのように改善すべきだという提言を行っていた。ただし、結論として現行の自由服制度を止めて制服にすべきだ、あるいは小学生のシャープペンシル禁止は妥当である、という現状維持、ないしは現状よりも厳しい制度を提案する生徒もゼロではなかった。

発表においては、理由付けを3つ行い、なおかつそのうち1つは「確かに〜である」と自分と反対の立場の人が考えることを一度認め、その上で反対派の問題点を指摘せよと指示した。さらに、自分自身の主張を通しつつも、可能であれば反対派の主張も一定程度取り入れられたらなおさらよいとした。これは、多くの生徒が高校3年での最終成果物で政策提言型の論文を選ぶことから、この形式によりまとめることになじませることを意図した指示であり、過去に他のテーマで行った際にも指示したことである。今回は複数の立場から考える取り組みを事前に行ったのでこの部分の質が高まるものと予想した。

この「確かに〜」の部分では、結果としては当該規則を失くすことによって生徒が受けるデメリットを書いた者と保護者や教師の立場から考えると厳しめの規定ももっともであると書いた者が半々程度であった。また、主張に対し反対派の意見を取り込む点については、アルバイトにおいて成績などの条件をクリ

アした者に限るということのほか、先述の制服にすべきという中でリボンなど
で自由を認める余地を持たせるべきだという者があった。

4　まとめ

　この取り組みが生徒にとってどう捉えられているかにつき、取り組みの終わ
りにアンケート（n=77）をとった。

　この取り組みが意義あるものであったか、ということを4点満点で聞いたと
ころ平均3.53、標準偏差0.59であった。4冊から選べた昨年の取り組みでは平
均3.50、標準偏差0.66であり有意差はなかった。ただ、その要因がテーマの違
いなのか、自分で選ぶ余地の有無なのかについては明らかでない。

　本授業で獲得させたいと考えた以下の5つの項目、および取り組み全体の達
成度を10点満点で評価させた結果、および①～⑤についての自己評価と教員
評価の相関係数は以下のとおりである。

項目	① 要約	② 収集	③ 立場	④ 作成	⑤ 発表	全体
平均	7.38	7.69	7.86	7.32	7.66	7.84
標準偏差	1.60	1.68	1.56	1.84	1.64	1.59
相関係数	0.037	0.307	0.047	0.244	-0.110	

① 課題図書の指示部分の要約　　② 関連する資料の収集　　③ 種々の立場から考えられたか
④ 発表用スライドの作成　　⑤ グループ内での発表

　相関係数をみると、自分自身の成果を客観的にとらえられているとは言い難
い面が大きい。とはいえ、生徒としてはこれらのことがよく身につけられたと
認識している。なお、教員による評価だが、例えば③と④は以下のルーブリッ
クに基づいている。

	4点	3点	2点
③	「確かに」の部分も充実していた。即ち、反対派の主張への理解も示していた。	単なる感情や思いでなく、客観的に伝わる根拠により説得力をもって伝わった。	一応、「確かに～しかし～」のフォームには乗っていたが説得力が弱い。
④	見出しや文字の強調、色遣いを深め、より一層理解が深まるものであった。	スライドだけを見ても何が言いたいのかが、明確に伝わるものであった。	規定の枚数はそろっていたが、伝わりにくい（小さい字での詰め込みすぎも）。

　さらに、「身についた力1つ」を自由に記述させたところ、様々な視点から考
える力という趣旨のものが4割弱、色々な根拠を踏まえて自分自身の意見を組
み立てていくという趣旨のものが3割弱、そして自分自身の意見をスライドな

どにまとめ他者に伝えていくことという趣旨のものも3割弱であった。そのほか、少数派として資料の要約とした生徒もいた。これについては、課題研究という授業の中で身についた能力的な面を聞いたので校則に関する具体的な知識や考え方というよりも探究という学びに共通するスキルを書いた生徒が大部分であろうと考えられる。

5　総括

　この取り組みを踏まえ、夏休み明けに発表スライドを論文にまとめさせたが、これ自体は多くの者がきちんと提出し、中身としても細部の詰めは別としておおむねよいものであった。

　ただ、これを受けて具体的な生徒の活動が起こるということはなかった。生徒会が主体となって校則に関する議論を提起する機会がこの取り組み終了後になかったということが最大の要因であろうと考えられる。また、制服に関する書籍から入ったことで自由服の自分たちには関係のない話だと考えたという要因もあるかも知れないが、半数近くの生徒がアルバイト禁止について考えたのでこの影響はそこまで大きいとは考え難い。問題とは思いつつも現実問題として現状の規定や実際の指導に対してそこまでの抵抗を持っていないので特段の動きをとる必要もないと考えている可能性が高いと考えられる。

　新課程生で「公共」を履修後に取り組んだ場合、あるいは制服などに関する規定がより厳しい学校で同じ実践を行った場合にどのような生徒の変容や行動が見られるかが次の課題となろう。

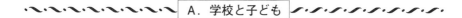

A. 学校と子ども

2　子どもの貧困

大井 はるえ

　2022年「こども基本法」が成立した。子どもの権利を包括的に保障する基本法が実現できたことは、日本の「子どもの権利」について歴史的な一歩前進であるが、子どもの貧困率は約7人に1人と依然と高い。本論では教員がコーディネータとして学生と社会をつなぐ役割を果たし、ゲストから世界や日本の児童労働について学び、子どもの貧困について考えた活動を紹介する。

1　課題の設定

　2022年6月、議員立法である「こども基本法案」と内閣提出の「こども家庭庁設置法案」および関連法案が可決・成立し、2023年4月に施行される。子どもの権利条約の批准(1994年)から28年を経て、こうした理念が「基本法」として結実したことの意義は大きく、子ども施策のあり方を転換していく足がかりとなることが期待される。しかし長い間子どもの権利条約を実質的に無視してきたので、現場の理解がこの法律制定で変わり、施策がすぐに立てられるとは思えないのが現状である。

　世界に目を向けると、必要最低限の生活水準さえ満たされず心身の維持が困難である途上国の「絶対的貧困」の子どもたちや、また先進国でも平均所得の半分以下で暮らす「相対的貧困」の子どもたちがおり、日本でも「子どもの貧困」が問題となり、子どもの7人に1人が貧困状態である。

　授業では、教員がコーディネータとして学生と社会をつなぐ役割を果たし、ゲストを招いて命と暮らしの条件が奪われている子どもの貧困の現状や児童労働や学習支援を受ける子どもの状況を学び、「子どもの貧困をどう捉えるか(原因・影響)」、「その問題解決に向けて何ができるか(対策)」について考えた。な

お、本授業は大学生を対象に90分×8コマで実施したものであるが、本書の提示する探究学習のモデルに基づき、授業展開を再構成し提示するものである。以下、高校生用の学習プランとしても参考になると考え報告したいと思う。

2　情報の収集

(1)　子どもの貧困に関する当事者団体との出会い

　1時間目は、「こども基本法」が成立し子どもの権利条約が再び注目されていることから、まずユニセフの教材「世界の子ども」[1]と組み合わせ、子どもの権利条約と4つの一般原則(差別の禁止／子どもの最善の利益／生命・生存・発達に対する権利／子どもの意見の尊重)を学んだ。この権利に関連して、世界や日本では「子どもの貧困」が取り上げられ、命や暮らしの条件が奪われる「児童労働」などの状況が問題となっている。しかし学生にとっては途上国の状況は遠く、なかなか当事者としての意識が持てないことから、教員がコーディネータとして学生と社会をつなぐ役割を果たし、「世界の子どもの貧困」についてはチョコレートや綿花の児童労働に取り組んでいる「ＡＣＥ」を、また「日本の子どもの貧困」では学習支援の事業に取り組む「アスポート」を教室に招き、子どもの貧困の現状を学ぶことにした。

　・「世界の子どもの貧困」について　ゲストとして招いたＡＣＥは児童労働への取り組みのため、企業との連携、世界や日本で政策提案や市民への啓発の活動などを行っている。授業では動画[2]を交え、世界で1億6000万人存在する児童労働の現状や、インドの綿花栽培、ガーナでのカカオ収穫に携わる児童労働の話を伺った。日本でも2017年太陽光パネルの点検で危険な高所から15歳少女が転落し死亡する事故など、児童労働が皆無ではない。聞き取りを通して、学生からは「自分の身の回りの物や食べ物にも児童労働が関係していると学び他人事では無くなった。危険を冒してカカオを採るガーナの子供を見て心が痛くなった、日本にも児童労働があることを知り驚いた」などの声があがった。

　・「日本の子どもの貧困」について　授業で「子ども食堂」にも触れたが、貧困が直接子どもの進路や夢を狭めてしまうことから、可能性を広げるための学習支援に取り組む「アスポート」を招き、ヤングケアラーや学習支援を受ける貧困の子どもの現状と支援の内容について話を伺った。アスポートによると、貧困

の子どもたちは情報を知らないため、家庭・学校・社会からの孤立という3つの社会的排除の状況に追い込まれる。生活保護世帯の高校進学率は87％（2010年埼玉県、全日制高校が70％）でしかない。アスポートは埼玉県の「委託」を受け、生活困窮世帯リストから家庭訪問をし無償の学習教室につなぎ学習支援を行っている。そこで子どもたちは頼れる大人を発見し、この経験から自分を大切にするようになる。将来を気にして宿題をするようになり、声が出て笑うようになる。学生からは、「自分の学業もままならない状況は、次の世代の貧困のループにもつながる。学校での学習が追い付かず将来の夢を諦めてしまう子どもに学習支援の場を設けることは素晴らしい」などの意見があがった。

(2) 日本にも存在する児童労働に関する情報の収集

　次に授業では、日本における児童労働の現状を分析した。児童労働に関する公的データは公表されていないので、ＡＣＥの独自調査[3]を教員が紹介し、学生が読み取りながら現状をまとめた。また「あなたのアルバイトは、大丈夫？」[4]というチェックリストや労働時間・休憩などについて一問一答で説明されたハンドブックを用い、日本の労働現場の実態について学ぶ機会をつくった。

　続いて教員から二つの貧困と、貧困問題の理論的な見方・考え方について説明した。「貧困」には、必要最低限の生活水準が満たされておらず心身の維持が困難である途上国などの「絶対的貧困」、また先進国でもその国の貧困線（等価可処分所得の中央値の50％）以下の所得で暮らす「相対的貧困」があること、貧困問題の理論的な見方として、アマルティア・センの「貧困とは人間としての潜在能力が社会によって奪われた状況である」という定義、ジョン・フリードマンの「貧困とは各家族における社会的な力の剥奪である」という定義と「力の剥奪モデル」を紹介した。このモデルは、社会的な力の基盤である8つの要素（①資金、②労働と生計を立てる手段、③適切な情報、④知識・技能、⑤防御可能な生活空間、⑥生存に費やす以外の余剰時間、⑦（所属する）社会組織、⑧（助け合いなどの）社会ネットワーク）が奪われると、絶対的貧困に落ち込んでしまう。反対に、個人が能力を高めて自らを抑圧する社会的な力に気づき、それを跳ね返す力を獲得＝エンパワーすれば貧困から抜け出せる。学生にはこれらの資料やモデルを具体的な問題に当てはめ、社会に働きかける力を獲得しエンパワーメントを高めるにはどうしたらいいか、考えてほしいと提起した。

3　整理・分析

（1）学び合う・議論する　①世界の児童労働

次に途上国の児童労働の原因や対策について以下の図[5]を参考に考えさせた。

図　児童労働が起きる構造と、私たちの生活とのつながり

　学生たちは、貧困の原因として「子どもを働かせないと生きていけない家庭、地主や雇い主の中間搾取と多国籍企業が大きな利益を得る現状、安いものを求める消費者が労働者の賃金を抑えていること」に気づき、対策として「親である労働者の給料引き上げ、収入を向上させる支援や、消費行動や児童労働を当然とする社会を変えること、ビジネスや政治を動かすべく声を上げ、フェアトレードを拡大していくこと」などを考察した。ＡＣＥとの出会いと考察が、「自分ごと」として世界の子どもの貧困を捉えるきっかけになったと思う。

（2）学び合う・議論する　②日本の子どもの貧困の状況

　アスポートの話を伺った後、教員が示したグラフや資料を参考に日本の子どもの貧困の現状を学び、4人一組のグループで、実態や問題解決策について話し合ってもらった。学生たちは現状について「スマホを持ってるから貧困でないと言えず外見からは見えにくい貧困があること、子どもの貧困率が13.5％で

ＯＥＣＤ平均12.8％を上回ること（2018年）、子どもがいる現役世帯の相対的貧困率が7人に1人、その内ひとり親世帯が50.8％で先進国中3番目、母子世帯の総所得が一般世帯の約3分の1であること」などを理解していった。さらに学生たちは子どもの貧困の原因・背景やその影響についても考察していった。「今の日本では非正規雇用が多くなり、ここ数十年賃金が上がらないため貧富の差が大きくなっている」、「ひとり親世帯ではパートを掛け持ちしているが、仕事と子育ての両立は難しく、生活保護の審査に通ることも困難な上、人の目を気にして生活保護を受けないこともある」、また「貧困の子どもは十分な教育を受けられず大学に行く夢を諦め、将来的に就ける職業も限られてしまう」、「貧困が続くと、健康や自己肯定感も奪われ、教育レベルも下がり、次の世代に連鎖してゆく」等である。

　「力の剥奪モデル」に照らして提案した学生の対策は、親の①資金や②生計を立てる手段として「生活保護や教育費などの支援、非正規雇用を減らす」こと、貧困の連鎖を断ち切る④知識・技能として「高校卒業まで最低限の生活を確保しながら教育が受けられること」であった。そして、孤立を防ぐ⑤防御可能な生活空間や⑥余剰時間として、「家以外に子どもの気持ちや意見を打ち明けられる居場所がある」ことをあげ、子どもが落ち着いて色々相談できることでエンパワーが立ち上がることに気づいた。さらに、力を獲得する⑧社会ネットワークとして「学校・地域で支えるために子ども食堂や学習教室を作る」ことがあげられた。学生は、生活を抑圧している社会的な力に気づき、それを跳ね返すエンパワーメントの条件について学んだように思う。

4　まとめ

　学生は授業の中で当事者団体から直接に子どもの貧困について知り、自分事として探究を深めていくことにつながったようである。最後の授業では、子どもの貧困について活動する世界や日本の市民団体、ＮＰＯ、ＮＧＯ、国際機関を調べることを課題としたが、この中でアスポートの学習支援に参加するようになった学生もいた。レポートでは、ＡＣＥの他、国連機関のユニセフ、子ども支援専門のＮＧＯセーブ・ザ・チルドレン、開発援助の中で子ども支援に取り組むＮＧＯワールド・ビジョンや事業で問題解決に取り組む日本のフローレ

ンス等が取り上げられた。フローレンスは、様々な困りごとを抱える子育て家庭が孤立しないよう、定期的に食品を届け、配送時やオンラインでのコミュニケーションを通じて継続的なつながりを保ち、困りごとがあった時には必要な支援先につなげている。またソーシャル・ビジネスとして「一般社団法人こども宅食応援団」を立ち上げ、「こども宅食」モデルの多様な全国展開を推進している。

　ゲストで招いたアスポートからも学習支援の話を伺ったが、その中で子どもたちが変わる様子が印象的だった。子どもたちは学ぶ中で、能力を学ぶ意欲につなげていく。また遊び・イベントの中で「人の役に立つこと、感謝されることは楽しい」という成功体験を持ち、社会性を広げる。人は自分が「人の役にたっている」と思えた時、その潜在能力を爆発的に開花させるそうだ。さらにアスポートでは、大人に頼っていいと子どもに伝えるが、大人はできるだけ子どもに決めさせ解決させるようにしている。子どもの自立には、大人の援助が不可欠であり、依存しながら自立する形で成長していくからだという。

　学生たちは、多くの団体が子どもの貧困と向き合って様々な活動を展開していることを知り、ただ貧困を凌ぐだけでなく、貧困から抜けだすために社会に働きかけるエンパワーメントが重要なことを知った。これらの方法を活かし、さらに自分の生き方や社会をよりよくすることにつなげてほしい。

【注】

1）ユニセフ　https://www.unicef.or.jp/children/（2022/01/10閲覧）
2）「児童労働1億6千万人以上 現場を知ってほしい」
　　https://www.youtube.com/watch?v=BCltqdxuesU（2022/01/10閲覧）
3）「日本にも存在する児童労働～その形態と事例～（2019年）」pp.7-8
　　https://acejapan.org/wp/wp-content/uploads/2020/04/ACE_Report_Child_Labour_in_Japan（J）.pdf 子どもの労基法違反（労働時間や深夜業等）2015年297件6215人
4）「あなたのアルバイトは、だいじょうぶ？（2020年）」（高校生向け）
　　https://acejapan.org/wp/wp-content/uploads/2020/10/ACE_CLleaflet_Kokosei_2020.pdf（2022/01/10閲覧）
5）ACESDGsプロジェクト2022内「児童労働が起きる構造と私たちの生活とのつながり」
　　https://readyfor.jp/projects/ACESDGs2022（2022/01/10閲覧）

$$\sim\!\sim\!\sim\!\sim\!\sim\!\sim\!\sim\!\sim\!\sim\boxed{\text{B. ジェンダー・平等}}\sim\!\sim\!\sim\!\sim\!\sim\!\sim\!\sim\!\sim\!\sim$$

3　選択的夫婦別姓——学び・考え・請願する

杉浦 真理

　日本では、夫婦別姓は法的に認められていない。第3項では、弁護士や訴訟当事者の講演、ディベート、ＮＰＯとの協働学習などをきっかけに「選択的夫婦別姓」を学習してきた生徒グループが、宇治市議会に請願書を提出し可決されるまでの活動を紹介し、アクションを含む探究学習の可能性を考える。

1　課題の設定——選択的夫婦別姓を導入して将来結婚したときに社会的不利益をなくす

(1)　本課題に取り組むきっかけ

　2021年5月、「政治・経済」の授業では、「明日の自由を守る若手弁護士の会」に所属する弁護士（東京）を招き、「ジェンダー平等　選択的夫婦別姓」をテーマに学習を行った（Zoomによるオンライン形式）。しかし、のちにこの選択的夫婦別姓問題に取り組むことになる4人の生徒は、このオンライン授業の時点では知識理解が中心であり、社会課題としての理解は薄かった。7月の授業で「選択的夫婦別姓を認めるべし」を論題としたディベートを実施すると、これに参加した2名（ディベートの肯定派）は、リサーチの結果この課題の重要性と社会的に困っている人が多くいることを知ることになった。それは、とりわけ女性の方に多くみられ経歴（キャリア）上不利であること、つまり、ジェンダー的課題であるとの認識が芽生えた。また、否定派からは、通称使用の提案が出されたが、それでは不十分だと認識を深めた。また、家族同姓でなくなることが伝統に反するという反対派、伝統より今が重要で、子どもの両親が違う姓で混乱するという声に、婚姻時に子どもの苗字を決めておくこと、また家族が違う姓でも、今は若い人にとっては違和感がないことが議論された。その中で、反対

派を一人一人説得することの大事さも考えるようになった。

　7月最後の授業でＳＤＧｓ（その社会課題と関連する市民団体、ＮＰＯ）について調査をしようと課題を提起したところ、「選択的夫婦別姓」をテーマに探究調査する4人（賛同者が2人増えた）のグループができた。部活動を超えた友達のグループは、夏休みを利用して調査を実施し、この実践的課題を意識し社会を変えようとする団体が数多く存在することに気付くことになった。

　彼らは、9月になると、「ワン・ワールド・フェスティバル for Youth」（注）へのエントリーをめざして国際課題研究を行った。授業において探究学習のために保証したリサーチ時間は発表も含め6時間である。グループの4人は、選択的夫婦別姓選択アクションの京都グループ（CF京都）と出会い、国へ提出する請願書を宇治市議会で採択するというアイデアをいただいたり、実際の議員へのロビーイング活動の仕方を教えてもらったりした。そして後述のように、実際に、請願書を提案し採択されることになったのである。

　その後、彼らは、先の「ワン・ワールド・フェスティバル for Youth」の国内選考（校内選考提出枠5枠、エントリー20テーム）で選出され、さらにＮＧＯ主催の活動助成金のコンペのファイナルに選ばれて、支援金3万円を得て、活動を続けている。

　（注）ワン・ワールド・フェスティバル for Youth は、高校生のための国際協力のイベントである。　　https://owf-youth.com/index.html

(2) 問題意識から課題意識への転換

　生徒は、日本国憲法第24条のもとで、なぜ96％の女性が結婚時に改姓をするのか、それによって、社会経済的活動に不利益を生じていることに気づく。そして、この気づきを得ることによって、その状況を改善するには、どのような公的な結婚制度があればよいかと考えるようになった。彼女らが、そのような「制度（選択的夫婦別姓）を実現するには、多くの声を国にあげないといけない」（議会請願、投票行動）、「この事実を多くの市民にわかってもらう」ことが大事だと考えるようになったのは、夏休み中に、この社会課題に関わる選択的夫婦別姓「CF京都（陳情アクション）」との出会いがあったからである。

　このような問題意識は、生徒の中で自然に育つというよりも、やはり授業の中で育むことが大切である。とくに時事問題を理解できるための学力や意欲を

形成するためには、授業においてテーマを決め調べるような学習を組織することが有効であろう。問題意識が形成されれば、課題の解決や改善については「個人が幸福追求のできる社会とは何か」と生徒に問いかけ、本課題と自身との関わりを探究し、課題設定への思考を深めたりすることができるようになる。

　こうして、授業を通して問題意識が形成され、課題の解決が自身の問題である（当事者意識）ことに気づきを得られた生徒は、選択的夫婦別姓をどのように実現すればよいのか（課題意識）と考えるようになったのである。

2　情報の収集

(1) 情報の収集方法
　「選択的夫婦別姓」に関する情報やデータは基本的にはネット検索で集める。その際、政府統計やＮＰＯ、ＮＧＯ、当事者団体のＨＰも勧めた。
・本授業で授業時間内に教師が提供した資料やデータとしては、
　47都道府県「選択夫婦別姓全国調査」（早稲田大学法学部棚村正行研究室）
　https://chinjyo-action.com/47prefectures-survey/ （2020年）
・授業時間外で生徒が調べた資料やデータとしては、
　法務省調査
　https://www.moj.go.jp/MINJI/minji36-05.html （H24年）
　選択的夫婦別姓制導入並びに非嫡出子差別撤廃の民法改正に関する決議（日弁連1996年10月26日）
　https://www.nichibenren.or.jp/document/civil_liberties/year/1996/1996_2.html
　7月最後の授業で、ＳＤＧｓの課題（その社会課題と関連する市民団体、ＮＰＯ、ＮＧＯ、国際機関）を調べることを夏休みの課題とした。

(2) テーマに関する当事者団体との出会い
　生徒が選択的夫婦別姓について何かしらのアクションを行えないかと考えていたときに、「CF京都（陳情アクション）」メンバー（本課題の当事者の方々）と出会い、オンライン・ミーティングに参加した（土曜日夜）。そこで、この団体の方の境遇や想いを聞くことができ、自分たちも動くべきだと「選択的夫婦別

姓導入の意見書」を宇治市議会に提案することとなった。請願活動のロビーイング活動(議員への請願書の賛同者を増やす、計4回議会会派にお願いして回った：放課後何回か)においても、議員対応の方法を教えてもらい、請願文書の書き方などのアドバイスをもらった。この活動は、隔週土曜日の上記団体の会合に、生徒が参加して協議をするなかで実現した。

　参照：選択的夫婦別姓・全国陳情アクション https://chinjyo-action.com/

(3) 学校の憲法講演会(高1高2の合同LHR学習)

　2022年1月サイボウズの青野慶久社長をZoomで招いて、憲法とのかかわりでジェンダー平等(平等権)に関わって選択的夫婦別姓の講演をお願いした。青野氏は、自身の体験したパスポートでの通称使用の大変さなどに具体的に言及するとともに、その改善の方法として、選挙で政策を実現してくれる政党・候補者を選ぶだけでなく、反対している候補の落選運動も大事であること、不利益を被ったら司法の力で法・制度の不十分さを訴えることを話された。本講演は、ご本人の改姓したことの不利益に根差していた。そこから当事者として社会を変えるという話をしていただいた、選択的夫婦別姓に反対の国会議員を落とす運動や、裁判の活用などを図表でわかりやすく述べられた。この探究グループだけでなく多くの生徒が、この問題の理解と社会を変えることの大切さと方法を学ぶきっかけとなった。

3　整理・分析

(1) フィールドワーク……議員へのロビー活動

　宇治市議会の議員さんは自分とは遠い存在だと感じたり、少し怖かったりする生徒。しかし、教員もついていくので優しく応じる議員が多い。議員に接してみると、会派ごとに意見の違うことを生徒は理解できるようになる。

　キーマンを見つけた生徒は、「古参議員に、前例のない全会派が集う会議でスケジュールを調整していただき、請願の主旨説明と、紹介議員を生徒がお願いする機会を作ってくださった。また、この議員は、生徒の市民としての政治学習を励ますために、反対議員の意見や、反対生徒を説得することで、より広範な人々の声を集めて、請願書になることを教えていただいた」と述べており、

そのことは、最終的な請願文書の作成に活かされていった。さらに、広範な会派を議員に紹介していただいて請願の採択にも貢献した。また、議会事務局の方々のおかげで請願書提出までの流れを円滑に進めることができた。

(2) 学び合う・議論する

　通常の「政治・経済」の授業と連動して、選択的夫婦別姓について生徒に知らせる。ディベート授業は年1回必ずディベーターになって議論してもらう。いくつかあるテーマの中から、このグループは、選択的夫婦別姓を選び、賛成派としてディベートの準備を始めた。当初、グループ生徒は、「へえ～こんな問題もあるんだな」というレベルでからのスタートであった。

　既に紹介したように、このディベートでは、選択的夫婦別姓のメリット、デメリットの議論が行われた。とくに、姓を変える多くの女性は、結婚によりキャリアを失い、行政書類の書き換え等の面倒さを被る。また、結婚で同一姓に必ずなるということは世界では今理解されないことが明らかにされた。反対派から、家族の一体性がなくなる、戸籍制度が壊れる、日本の伝統がなくなるなどの保守的指摘が多く出された。賛成派の選択的夫婦別姓賛成のグループを最も困らせたのは、兄弟でも違う姓になる可能性とそれに伴う混乱である。

　このような論争を経て、このグループは、選択的夫婦別姓は、伝統的な同一姓を選択してもよいわけであり、困っているキャリアをなくす女性の願いに着目して、反対派を説得すべきであると学んでいった。

4　まとめ

(1) 発表する・レポートにまとめる

　「選択夫婦別姓」という課題を探究したグループは、探究学習のまとめとして社会的アクション（請願）をとることを選択した。請願というアクションが選択➡57ページされたのは、教員が示唆したのでなく、当事者団体からの勧め、当事者としての思いに生徒がほだされた側面が強いといえる。一番学校から近い行政を選んだ結果、宇治市から国に意見書をあげ、まとめとすることにした。フィールドを社会参画でまとめた珍しい例である。

　生徒は、請願書の提出日について数か月前からその手続きや進め方などを議

会事務局と確認した。陳情と異なり、請願は、紹介議員がいるので、議員に会派ごとに一人一人に紹介議員になってもらうお願いが必要である。学校生活とのやりくりが難しく、議会への提案は12月から3月へと変更になったという。

　取り組んだ生徒は、議員への説得で苦労した点を次のようにまとめていた。

　「議員さんの説得で苦労したことは二つある。まず一つ目は、直接お会いする日程を調節することだ。……二つ目は、自民党の方からの鋭い質問に返答することだ。この請願書の鍵となるのは宇治未来、公明党、自民党だ（維新は反対、共産は賛成）と教えていただいた。3党集まっていただいた一回目の会議で宇治未来と公明党は賛成派になっていただけたようだったが、自民党は難しかった。今まで続いてきた日本の文化である戸籍を崩すことについて、子どもと別姓になってしまうことについて質問をいただいた。戸籍の問題などまだ理解し切れていない部分に対し返答することは簡単ではなかったが、自分達賛成派の意見よりも反対派の意見に注目し、反対意見にも共感を示しつつ自分達の意見もお話させていただくように意識して会議に臨んでいた」（Mさん）

　授業がきっかけになったとはいえ、生徒は、当事者団体から学んだことで、社会を変えることと部活動を両立させながら取り組んでいた。当事者団体の声を聞き、未来の自由な日本社会をみたいという高校生の主権者意識は素晴らしい。探究して社会を知ることが、自分事として、自分の未来をよりよくしていくアクションに発展することに連なったということができよう。

(2)　アクション

　2022年3月宇治市議会に請願書を提出し3月25日に賛成多数で可決された。地方紙や新聞社ＨＰを中心に報道された（リアル請願書は第2部第4章を参照のこと）。➡57ページ

【文献・資料】
『選択夫婦別姓』（青野慶久）（ポプラ新書）　教員がこのような探究生徒グループに出会ったら読むとわかりやすい。
『YOUTH QUAKE』（NO YOUTH NO JAPAN）　アクションの良き方法、ユース世代の社会課題がわかりやすく紹介されている

4　同性婚——学び・熟議し・省察する

中平　一義

　同性婚に関する議論は、個人の性的指向や結婚観などの価値観、国家による
法的な婚姻制度の関係が複雑に入り組んでいることから議論が空中戦になるこ
とがある。そこでここでは、個人的な価値観と法的な制度との関係性に対する
自らの考えと他者のそれを熟議し、自己の認識をひろげることを目指す。

1　課題の設定——同性婚の授業づくりのために

(1) 本課題に取り組む前提
　同性婚に限らず社会的な課題を対象とする際には、客観的な内容分析と主観
的な態度形成を整理することが必要になる。客観的に見える内容であっても、
それは誰かが構成しているものである。客観的に内容を整理し探究することは
難しい。そこで、同性婚について主に法的な視点から客観的に探究できるよう
にするとともに、他者とお互いの主観的な判断を共有しながら、自らの気づき
をひろげていけるような授業展開を熟議により行う。

(2) 授業の構想[1]
　本授業は、課題の把握、探究、熟議、省察を組み合わせた展開を想定する。
まず①「教師から課題を伝達し同性婚についての調査」である。ここでは、同性
婚について学習すること、どこに課題があるのかについての概要を理解させる。
次に②「生徒が個人（グループも可）で同性婚を取り巻く課題や解決方法を調査」
である。ここで、同性婚をめぐるいくつもの課題の解決策を予め教師側から提
示する。その際、効果やトレードオフを探究させ解決策をより深い内容にさせ
る。その効果とトレードオフについては、誰にとって、どのような状況の際に

生じるのかを細かく考えさせなければ曖昧な内容になるので気をつけたい。②
で探究した解決策などを、次に③で整理し「現段階の解決策選択を論拠ととも
に個人で決定」である。自分なりのその時点での判断を、論拠を基に考えさせ
る。さらに④「生徒自らが選択した解決策とその論拠を他者に伝えさせるととも
に、他者のそれを聞く」である。つまり熟議を行うのである。最後に⑤熟議
を経て最終的な自らの考えをまとめる。

　なお評価については次のように行う。評価の三観点のうち「知識・技能」は、
①を踏まえて②で効果とトレードオフをまとめる際の探究の場面（表を作成す
る場面）で評価する。次に「思考・判断・表現」は、③で論拠を基に解決策を思
考する場面で評価する。そして「態度」は、④を経て⑤で最終的な考えをまとめ
るが、その際に②や③、④で学習したことがどこまで反映されているのかを評
価する。

(3) 授業の流れ　①アメリカと日本の実態から課題設定

　①では、事実的知識や概念的知識などを踏まえて、同性婚をめぐる問題の輪
郭を理解するために探究を行う。

　まず、諸外国の事例としてアメリカの状況を見ていく。1950年代のアメリ
カには同性愛者に対する精神的・制度的差別が数多く存在していた。例えば、
同性愛者であることが判明すると、教師や医療従事者、弁護士などの免許を必
要とする職業から追放されたりした。その後、同性婚をはじめとして同性愛者
の権利獲得を目指す訴訟によりしだいに権利を獲得していった。ところが、宗
教的な対立（いわゆるバックラッシュが）も起きた。時は過ぎ、2004年にマサ
チューセッツ州で同性婚が認められた。2015年には、全米50州のうち36州、
および、ワシントンD.C.で同性婚が認められるようになった。さらに、2015
年6月26日、全米規模で同性婚を認める連邦最高裁判決が示された。

　次に、日本の実態を見ていく。現在、同性婚は法的に認められていない。同
性婚に関わる民法と戸籍法の規定では婚姻の当事者を夫婦としているとする見
解がある。例えば民法の（第731条－第749条）を基にした議論に、「婚姻意思欠
缺説」がある。これは、同性間には「社会通念上の婚姻をする意思」たる婚姻意
思が存在し得ないとするものである。ほかにも、「婚姻障害該当説」がある。こ
れは、同性間でも婚姻意思が存在する可能性を認めつつも、同性婚は婚姻障害

にあたり無効とするものである。婚姻障害にあたるとは、例えば重婚や親族婚などに、同性婚が含まれるとするものである。一方で、婚姻は契約なので同性間でも成り立つとするものもある。また、戸籍法（第74条）には、「婚姻をしようとする者は、左の事項を届書に記載して、その旨を届け出なければならない。」とあり、そこには夫婦が称する氏を明示することが記載されているため、「夫婦が称する氏を届ければ同性婚であっても認められる」という考え方がある。それに対して、「そもそも夫婦は男女を明示しているという」考え方や、「夫婦は男女という観点は過去のものであり、過去と現在の社会では異なる」という考え方がある。いくつもの裁判も起きているが、例えば2021年3月17日に札幌地裁判決では「婚姻を定めた民法や戸籍法が、憲法13条や24条に違反しないとしつつも、14条に違反すると判断した」とされた[2]。そこでは、同性愛者に対して法的効果の一部ですらも認めないとしていることは、その限度で合理的根拠を欠く差別取扱いにあたる。ただし、世論の多くが支持するのは近年からなので、国家賠償請求の対象とはされなかった[3]。

　なお近年の日本では、同性間で異性間の婚姻と同じような法的効果を示すパートナーシップ証明書・宣誓を設定する地方自治体がある。2015年に渋谷区や世田谷区で始まった制度である。この制度を利用すると、例えば病院における病状説明、手術同意、公営住宅の入居申し込みの証明などが同性カップルであっても容易になる。公的な機関が同性カップルの存在を認めているという意義は大きい。一方で、この制度をどのように扱うのかは企業や機関に委ねられており異性間の婚姻と同様に扱うことを法的に強制できないという課題がある。結局のところ同性婚ではないため制度の利用を躊躇する人の存在も考えられる。

　同性婚に賛成する議論は個人の権利に重きを置いている。一方で、反対する議論は結婚観や家族観のあり方に重きを置いている。家族は子どもを産むことでつながっていくものであり、同性婚はそれができないと考える人もいる。ただ、異性婚でも様々な理由により子どもがいない場合もあるし、外国では同性婚をしたカップルが養子などの制度を使い子どもを育てるケースもある。同性婚に反対する議論には、日本の結婚観や家族観など伝統を守れなくなるという考えもある。

2　情報の収集

授業の流れ　②探究するための情報の収集方法や対象
　ここでは、①の同性婚をめぐる問題に対して、どのような判断（規範的知識）が存在するのか、その論拠は何かを整理できるようにする。
　同性婚に関わる問題についての情報やデータは基本的にはネット検索や書籍や論文で集める。その際、法務省や弁護士会などのHPが参考になる。同性婚を学ぶ上で教師が提供できる資料の事例として以下のようなものがある。なお、注や参考文献に示した書籍や論文については、生徒が読むというよりも教師の教材研究として理解しておきたい内容として示した。
　（HPの事例）
・日本弁護士連合会「同性の当事者による婚姻に関する意見書」
　https://www.nichibenren.or.jp/document/opinion/year/2019/190718_2.html（2019年）
・日本弁護士連合会「同性の者も事実上婚姻関係と同様の事情にある者として法の平等な適用を受けるべきことに関する意見書」
　https://www.nichibenren.or.jp/document/opinion/year/2021/210218_2.html（2021年）
　さらに、同性婚について生徒が調査したり、探究したりする対象として当事者の話に耳を傾けることも考えられる。ここでは、当事者として考えられる団体等を例示することが考えられる。まず、「日本で同性婚をしたい人」や「外国で同性婚をした人」といった当事者である。最も切実な問題意識を持っていることが考えられる。同性婚に関する活動を進めるNPOなどを調査することもできるだろう。次に、「パートナーシップ条例がある（ない）市町村の担当者」である。どのような経緯で条例を設けたのか（設けられないのか）、運用状況はどのようになっているのか、課題はあるのかなどである。さらに、「学校区の国会議員選挙や首長、地方議会選挙で立候補する人や、すでに当選している人」である。同性婚に対してどのような立場をとっているのか、それはなぜかと聞くこともできる。他にも「企業」がある。例えば、福利厚生が法律婚と同性パートナーシップで扱いが異なるのか否かを調査することもできる。また、「企業」の中には結婚式場なども入る。結婚式場がどのような対応をしているのかを調

査することもできるだろう。なお、個人の内心や生き方に深く関わる繊細な問題でもあることから調査は客観的に丁寧に行わなければならない。さらに言えば、生徒自身のアウティングが生じないような配慮も必要である。

3　整理・分析

(1) 授業の流れ　③探究内容を整理して選択をする

　②の探究を終えたうえで、③として表にして整理する（表1）。授業時間数がどれくらいとれるかにもよるが、三つの解決策といくつかの効果・トレードオフを予め示し生徒が探究した効果とトレードオフを表1内のその他の個所に記入させる方法が考えられる。今後の日本の婚姻制度について、どの解決案がふさわしいと考えられるのか、その理由はなぜかをこの段階で考えさせる。

表1　同性婚についての熟議のための整理

解決策	効果	トレードオフ
第1案 現在のまま異性間の婚姻のみ認める。	・伝統的な家族のあり方とされるものを大切にしたい人の考えが尊重されます。 ・その他	・諸外国と比べて遅れている国だと思われる可能性もあります。 ・その他
第2案 婚姻は現在の異性間のみ認める。パートナーシップ宣誓をした同性カップルには法的な権利を認める。	・正式な婚姻ではないが、婚姻をした際と同様の諸権利が企業や機関により保障されることが考えられます。 ・その他	・仮に法的に認められたとしても、異性間の婚姻の意識や制度上の差がついてしいます。 ・その他
第3案 法律を改正し同性婚を制度化する。	・同性カップルに対して権利保障ができます。 ・その他	・伝統的な家族のあり方とされるものを大切にしたい人は反対します。 ・その他
第4案 その他の解決策 生徒が新たに考えてもよい。	（自らの考えを書く）	（自らの考えを書く）

筆者作成

(2) 授業の流れ　④熟議する

　ここでは、③で生徒が選択した解決策とその理由について考えを共有しあう。

ここは論破することや、どちらかの正しさを決めるのではなく、お互いの価値観やこだわりを熟議により共有しあう時間である。

4　まとめ

(1)　授業の流れ　⑤発表する・レポートにまとめる

　熟議を行い生徒自らの考えと他者の考えを比較させた後で省察させる。自らの考えを振り返り、現時点での解決案を再考させる。その際、論拠や他者の考えで参考になったことなどをレポートしてまとめたり、それをさらに発表したりすることも考えられる。また、婚姻制度は日本の社会保障制度をはじめ様々な仕組みに関わっている。同性婚が認められることにより、どのような仕組みへの影響、変更が必要になるのかについては、さらなる探究内容となる。

(2)　アクション

　具体的なアクションとして考えられることは、自らの考えを新聞に投書したり、関連する行政のパブリックコメントに書き込んだり、首長へ手紙を送ったりなど、個人的、あるいは仲間とともに行うことができる。

【注】

1) 本稿の授業については拙稿「熟議による法教育──熟議民主主義を活用した主権者教育」『法学セミナー』802号、日本評論社、2021年、pp.31-36を再構成したものである。なお、本稿の同性婚をめぐる議論については、小泉明子『同性婚論争──「家族」をめぐるアメリカの文化戦争』慶應義塾大学出版会、2020年と、同性婚人権救済弁護団『同性婚──だれもが自由に結婚する権利』明石書店、2016年を参照した。
2) 詳しくは、公益社団法人Marriage For All Japan──結婚の自由をすべての人にHP（https://www.marriageforall.jp）を参照。
3) 近年、世論の支持はひろがりつつある。詳しくは、NHK放送文化研究所「ジェンダーに関する世論調査単純集計結果」、2021年を参照。

【文献・資料】
大村敦志『新基本民法7　家族編　女性と子どもの法』有斐閣、2014年
渡邉泰彦「同性カップルによる婚姻・家族」『法学セミナー』799号、2021年、pp.29-36

5　ジェンダー・平等
——ＬＧＢＴＱ＋を考え調査し学校を変える

杉浦　真理

　近年、日本でもジェンダー平等に注目が集まる中、中高生の間では、同性婚、選択的夫婦別姓の問題の他に、「ＬＧＢＴＱ＋」に関する性の多様性についての関心が高まっている。本稿では当事者の講演、当事者団体との協働学習で「ＬＧＢＴＱ＋」を理解し、学校での探究活動で学校課題を見つけ行動する取り組みを紹介する。

1　課題の設定

(1)　本課題に取り組むきっかけ
　すべての生徒に安全、安心で自己のアイデンティティを認められる学校にするにはどうしたらよいであろうか。本実践では、ＬＧＢＴＱ＋の人権をどのように教育の場で実現するかを課題として設定し、ＬＧＢＴＱ＋の課題から、多様な性自認、性的指向は多様であってよいことを理解し、生徒が学校を創る主体として学校を改革、改善する力を育むことを目標として掲げている（なお、この取り組みは、執筆時において進行中の実践であるため、アンケート作成後の学習活動は学習プランとして書かれたものである）。
　テレビではＬＧＢＴＱ＋の芸能人の活躍を見ることができ、漫画にもこのテーマが描かれ、ドラマも存在するようになった。電通調査(2018年)によると、8.9％のＬＧＢＴＱ＋の日本人がいるという。そのことを社会的な背景に、ＳＤＧｓの17の目標の一つである「ジェンダー平等の実現」を探究テーマとしている生徒にとってＬＧＢＴＱ＋は関心の高いテーマとなっている。私自身も当

事者生徒を担任し、生徒理解の一助としても近年大切にしてきたテーマである。これをテーマとして扱う場合は、ＳＯＧＩ(Sexual Orientation & Gender Identity)という認識が大事であり、それを授業でも取り上げる。個人の性の在り方は多様であり、性自認(自分がどんな性でありたいか、ありたくないか)、性的指向(自分がどんな性を大切にして好きになるか、ならないか)は自己決定されるべきである。

　しかしながら、ヘテロセクシャル(異性愛)にとらわれて、異性愛のみが当たり前とされ、それが「普通」とされてきた。それ以外の性自認、性的指向を認めない社会、学校がまだ存在している。この課題は、個人の尊厳が大切にされる憲法の活かされる社会にとってとても大切な課題なのである。

　この課題を取り上げると、社会的な課題である同性婚や選択的夫婦別姓という社会制度に興味をもつ生徒と、自分の学校内でＬＧＢＴＱ＋の生徒の暮らしやすい学校に変えることが大事だと思う生徒が出てくる。そんな生徒は、学校改革を考えるアクティブな市民に近い生徒である。それが、このような自主的な探究活動の担い手になる。

(2) 問題意識から身近な場を変えてみる

　多様性のある人間の営みが尊重される社会になることは、すべての人にとって幸せな社会になるということである。法制度、慣習、常識を変えていくことで、個人の尊厳を生かす社会になる。それは、同性婚や選択的夫婦別姓という法改正を伴う社会制度の変革にも通じるものである。

　本実践は、社会制度そのものを対象とするのではなく、身近な学校をフィールドとして学校教育上の課題に生徒が取り組むものである。学習課題としては、ＬＧＢＴＱ＋に関する性の多様性を理解し、身近な学校内の制服、施設、行事、授業をどう変えたら、すべてのジェンダーにとって平等に人間の尊厳を保てる学校になることができるか、という探究的な活動をあげることができる。身近な場から、ダイバーシティのある社会づくりに生徒は参画していくのである。

2　情報の収集

(1)　情報の収集方法

　当事者団体である「PRIDE JAPAN」のWebサイトを覗いてみると、毎年大規模なレインボーパレードを実施して、この課題を日本に世界に伝えていることがわかる(https://www.outjapan.co.jp/pride_japan/)。この団体のWebサイト(HP)から得られる情報は多い。また、電通は数万単位のLGBTQ＋の調査(2020年)結果を公表しているので現状理解と課題発見に役立つ。

　ほかにも、生徒がLGBTQ＋に加え、人権、制服、トイレ、浴場、恋愛などのキーワードでPC検索すると、様々な情報を得ることができる。他方で、信頼できる情報かはわからないものも多々ある。当事者がいたら、その生徒や教員に、信頼できるサイトを紹介していただくのがよい。

　インスタでも、当事者を見つけることができるので、インタビュー(インスタの書き込み)をして調べることは可能である。また、NHK教育の番組「バリバラ」や「虹クロ」など、公的なテレビ番組に出演している当事者の方は一般的には社会的に信頼できると考えてよいであろう。しかしいずれにしても質問に答えてもらえるかはわからないので注意が必要である。また、先に紹介した「PRIDE JAPAN」は、この課題の草分けであり、この団体から紹介を受けるのもよい。

　文科省、各県の教育委員会でも、性の多様性について見解を述べているので、その行政文書から、学校の在り方を考える情報検索も可能である。

(2)　テーマに関する当事者団体との出会い

　当事者団体に出会えたら、インタビューできるカミングアウト(当事者であることを公表)された方を紹介していただけることがある。ただし講演を開催するには資金を要するので、探究する生徒は教員との相談が必要になる。

　そこまでアクティブにできないときは、動画がアップされたパレードや講演をみることもできる。

(3)　当事者の声を聴くZoom学習交流会

　コロナ禍でDXできた学校や生徒は、LGBTQ＋の学習会にネットで参加

することも可能となった。本校生徒も参加した企画としては、5中高校の
Zoom学習会があげられる。この学習会は室田悠子先生（2022年度九州国際高
校教員）が事務局を務め、コロナ禍の中にあった5中高校の教員に呼びかけ組
織されたものである。2020年度には当事者の河上りささんの講演（2020年夏）
が行われた。

　また、埼玉県公立学校の退職教員である土田謙次さんが主催するオンライン
平和学習会（2023年1月）でも、当事者を招いての講演会が企画された。参加し
た生徒は、当事者がどのように社会生活を送り、多くの人に理解されない自分
に悩んだことなどを学んでいく。生徒にとって、このような学習会はとりわけ
10 〜 20代の同世代の悩みやつらさを共感的に理解する場になっている。

　他にも多くの当事者の有料、無料の講演会やユーチューブ映像が存在する。
その内容は玉石混交ではあるが、生徒の情報収集に役立つであろう。このよう
な学習の場を教員が紹介できればよいが、現在ではインスタグラムの検索でも
当事者の講演会を見つけることができるので、生徒の方がよく知っていること
も多い。

3　整理・分析

(1) 研究調査　アンケートづくりに取り組む

　ＬＧＢＴＱ＋の研究は、電通2020調査がアンケートの母数が多く有名であ
る。ここの調査項目をヒントに、全校生徒にアンケートを電子配布したり、電
子回収したりする。アンケートの目的は、ＬＧＢＴＱ＋の認知度や、人権上の
配慮事項の洗い出しを目的とする。本校の場合、学年主任の許可を得れば、学
校のデジタルインフラを活用することが可能である。調査項目については、学
校で生じている問題（人権、制服、トイレ、体育の授業、宿泊を伴う行事、体
育祭等）を取り上げる。自ら所属する学校の課題を見つけるのである。

　調査については、カミングアウトしづらく、アウティング（本人の了解なし
に、当事者であることを流布する）にならないように、匿名性に配慮するよう
にする。少数者は学校生活において生きづらさを感じる場面があるので、その
存在が明らか（匿名性への信頼を損ねることにもなる）になってしまうアンケー
トは忌避される。この点への配慮と、アンケートの活用についても当事者の学

校生活の改善に役立てることを周知して行わなければならない。

　アンケートを実施する際は、当事者の存在に留意して、このアンケートで特定の個人がわからないような工夫をする必要がある。

　アンケートを作る前に、前にも書いた当事者の学校生活での困りごとであったり、現に一緒に生活するカミングアウトしてくれた当事者の声があったりすれば、それを参考にアンケートを作っていくとよい。

アンケート例（立命館宇治の生徒が考えたもの）

　「学校ではＡトイレやＢ制服、Ｃ授業など性別で分けられる場面が多くあります。このような困難に対して、学校が変わるべきことは何か」

　「性的マイノリティの理解を深めるために、どんな授業で取り上げるべきか」

　「ＬＧＢＴＱ＋のことをカミングアウトされたときは、どんな配慮が必要か」

　アンケートでは、学校生活で困難や不自由に思うことを予想した項目と自由記述欄の設置も必要である。当事者は予想できない困難や違和感を抱えている場合がある。もし当事者を知っていて内密にアンケート結果をみてもらったらより当事者の声に即したものになるであろう。

(2) 学び合う・議論する

　アンケート結果を参考に、学校生活での困難や生活上不自由に思うことが見えてきたら、学校がより多様性を認める学校に変わるために、どんな制度やルールを変えたらよいのか、男女別の教育の在り方や従来の慣習の見直しについて問いを立て議論するとよい。最初は、アンケートを分析したあとに、学校が変わるべき点について、ポストイットで、メンバー一人ひとりで書き出し、それをカテゴライズして文章化する作業をしていく。このアンケートからは、当事者の声を少人数でも拾えたらよい。その声は予想に反するものもあるだろうし、悲鳴のほかに、場合によっては、放っておいてくれとの声もあがるかもしれない。しかし、生きづらさを感じる学校教育のシステムや環境があるならば、生徒はこの問題を受け止め、理解し、改善にむけて学校を変える政策提言を作り、その内容を検討することになる。

4　まとめ

(1) 発表する・レポートにまとめる

　本実践は、現在進行中であるため、次の事例は今後取り組む学習プランとして紹介するものである。まず、アンケート結果をまとめ分析する。できれば学校長もしくはこの課題の責任ある部署(生徒部、教務部等)の責任者へのインタビューを交えてまとめることができるとよい。その際には、さらにＬＧＢＴＱ＋の生徒へのインタビュー事例も入るとより望ましい(もちろん、匿名でその存在が明らかにならないように気をつけなければならないであろう)。

　それを探究グループ内で情報共有した後、探究活動の発表機会(校内、校外のイベント、コンクール)があれば発表する。

(2) アクション：学校への要望書

　この探究活動は、生徒自身が当事者の声に耳を傾けて実現する人権擁護活動である。したがって、調査研究の報告会を公開で開くだけでなく、当事者の声を代弁して、ＬＧＢＴＱ＋の課題として学校への改善に向けたアドボカシー(政策提言)として学校長に提案する。

　提案例：トイレ(男女の他、ジェンダー・フリーのトイレを作る)、制服(本人の性自認に合わせて選べる、ジェンダー・フリーの制服を作る)、授業(体育では男女同時あるいは混合で履修できる種目を増やしてゆく、生徒の呼名はすべて「さん」づけで教員、生徒同士〈愛称は別〉が対応する)など。

　このような声に耳を傾ける義務が学校側にある。一つの生徒グループの取り組みであっても、市民性が生徒に育まれ、生徒会も関与すればより高い生徒自治、学校運営へ参画の可能性を高めることができるのである。

【文献・資料】
『性同一性障害や性的指向・性自認に係る、児童生徒に対するきめ細かな対応等の実施について（教職員向け）』（文部科学省）
　https://www.mext.go.jp/content/20210215_mxt_sigakugy_1420538_00003_18.pdf
『LGBTQ＋2020調査』（電通）
　https://dentsu-ho.com/booklets/498

C. 働く

6　労働──少女は「はた」を「らく」にできるのか？

植田 啓生

1　課題の設定

　現代は脱工業化社会・新自由主義社会になったことで公共的な「働き方」の種類や方法が多様化した（自己実現志向、非正規雇用など）。ところが、労働には「コミュニティを維持するために「他者の負担を軽減する」（「はた」を「らく」にする）」という考え方が残されている（参照：駒崎、2013）。宗教教育の文脈でも、隣人愛の心を持ち、他者のためにボランティア（奉仕）活動をすることは、ミッション系女子高校生のキャリア形成の観点からも非常に重要である。

　<u>しかし、果たして子どもたちは他者に奉仕するためだけに働いているのだろうか？　自己と他者が対話し、主体的に思考・判断・表現することこそが、結果的に多くの子どもの「自己実現」と「社会参加」を可能にするのではないだろうか？</u>　1学期の授業で取り組み学会でも報告したジェンダー平等の論争問題学習は、倉敷の女子高校生たちの生活実感からは少し遠い論題だったことが、事後調査結果から課題として明らかとなった。

　そこで、2学期の授業では『少女は「はた」を「らく」にできるのか？』を本単元の「柱となる問い」に据え、2学期は清心女子高校の多くの生徒たちにとって親しみやすいジブリ映画における未成年女子労働の事例を、ハンナ・アーレントの「労働・仕事・活動」概念を用いて対話し、生徒が身近な学校生活の中で見られる課題を自分事に引き付けて自己実現や社会参加を促した。

　なお、「論争問題学習」とは、川口ほか（2020）によると「子どもが市民として社会の現実問題を論争し、解決する」討論型社会科・公民科授業の総称である。

2　情報の収集

　教科書は実教出版『詳述公共』を使用している。統計も資料も掲載豊富で、教材作成の参考になる。具体的には第2章の西洋思想史の箇所を取り扱った。

　本研究授業は高校公民科の必修科目・公共（倫理分野）単元まとめ課題に相当するため、本時に至るまでの過程で9回にわたって古代から現代までの西洋思想史の主要な知識・概念・技能を実教出版『マイノート』（ワークノート）を用いて通史学習の講義を済ませている。授業後半では、関連した論題で5〜10分程度のペアワークや3人班別の討論練習もしている。

　その上で、「見方・考え方」を深める倫理分野の単元まとめ課題として2時間連続の「論争問題学習」を設定。2時間目の授業を公開研究授業に充てた。

　これらの事前準備をした上で、本研究授業に関する事前指導として、生徒たちには本時の学習テーマ「少女は「はた」を「らく」にできるのか？」で扱うジブリアニメ映画『魔女の宅急便』（1989）と『千と千尋の神隠し』（2001）の予告編動画（2分程度）をGoogle Classroom経由で配信・視聴させている。

　本研究授業の題材とした河野（2017）によると、ジブリアニメ映画はフィクション作品ではあるが、現代資本主義社会における女性の働き方やジェンダー観、そして少女のケア労働がコミュニティのあり方を変える可能性が表象されている。例えば、『千と千尋の神隠し』は現代の子どもである少女・千尋が突然異世界に紛れ込み、「湯婆婆の風呂屋」で「千」と名付けられ、風呂屋の名もなき従業員として働く。母親べったりで主体性がなかった小学生・千尋は、湯婆婆の風呂屋で「未成年女子労働者・千」となり、追い込まれて優しさを前面に出して働く。その結果、異世界を変えてしまい、その中で千が自立・成長していく。

　しかし、風呂屋で出会った少年ハク（龍神の化身）を助ける過程で、千は風呂屋の仲間たちや顧客である神々との交流を通じて「千尋」としての自分を取り戻す。その後、現実世界に戻り、自分らしく現代の普通の小学生として生きていく。異世界での成長と現実世界での脱成長が、回帰的に描かれる物語である。

　ジブリアニメを素材とした討論授業は、現実の労働（アルバイト）経験や概念知識が少ない女子高校生でも気軽に議論に参加しながら校内外における女子非正規労働問題にも考えが至りやすい教材になると判断して、授業化した。

3　整理・分析

　まず生徒に自由に討論を行わせる前に、本研究授業(50分授業×2コマ)全体の「本質的な問い」、つまり本研究授業の「学習テーマ」を板書で提示する。

> ＜学習テーマ＞
> 少女は「はた」を「らく」にできるのか？　（働くとはどういうことか？）

　次に、「はた」を「らく」にする＝「働く」という用語の定義をする。

Q1.　「働く」の語源とは？　「働く」とは他者を楽にすること
参照：NPO法人フローレンス代表理事　駒崎弘樹(2013)

> 　人はなぜ、働くのでしょうか。僕自身、あまり深く考えたことがありませんでしたが、あるとき「働く」という言葉の語源を聞いてすごくうれしい気持ちになったことを覚えています。諸説ありますが、「働く」の語源は「傍(はた)を楽にする」だともいわれています。「はた」というのは他者のことです。他者の負担を軽くしてあげる、楽にしてあげる、というのがもともとの「働く」の意味だったんです。
> 　「働く」って今は賃金労働のことを指していることが多いと思いますが、昔はもっと広い意味で使われていた。家族を楽にすることも「働く」だし、地域のために雪かきをするのも「働く」。お金をもらってももらわなくても「働く」で、山で獲物を捕ってくるのも「働く」ことだった。働くっていくつもある。そう考えると働くって楽しいですよね(中略)。
> 　子育てと仕事が両立できる仕組みを作りたい。そんな思いから、病児保育の問題に取り組むことにしました。今年で10年目(当時)になります。

　さらに、これまで学んできた西洋思想史上の思想家が労働に関してどのような「考え方」を展開しているかを、史資料を基に概念整理した。具体的には、マルクスの「(労働・人間)疎外」、サルトルの「アンガージュマン(社会参画)」、そしてアーレントの「労働・仕事・活動」を史料読解し、ワークシートで要約。

　特に、アーレントの概念や資料を倉敷の女子高校生が理解しやすくなるよう、アーレントが生きた第二次世界大戦期のドイツ社会においてユダヤ人が虐殺や差別を受けていた歴史的背景や、過去の経験を基にしてアーレントが個人の自発性・創造性・表現の自由を奪う全体主義を批判し、多様な背景を持つ人々で構成された言論空間を理想としたことを解説した（参照：アーレント、1994）。

○アーレント「労働・仕事・活動」（『人間の条件』ちくま学芸文庫）※要約

　古代ギリシャを例に取り、人間の基本的活動における三領域を区別する。「労働」とは生活費を得るための生命維持活動だ。「仕事」とは時代を超えて残る建築の製作など文化的活動を意味する。<u>「活動」は人間が「労働」「仕事」以外の時間を利用して政治や社会の問題について語り合う自由な言論活動のことだ。**多様な市民による自由な「活動」こそ、公共を担うものなのだ。**</u>

　上記の概念整理を済ませた上で、『魔女の宅急便』と『千と千尋の神隠し』の主人公たちの「働き方」を、①児童労働、②アルバイト、③ヤングケアラーという現代社会における15歳未満の女子非正規労働類型のいずれに該当するかをワークシートに記載した統計資料を基にペアワークで「思考・判断」、比較検討した。生徒同士や教員による全体発問と討論の結果、以下の意見にまとまった。

＜公開研究授業での全体討論の結果まとめ＞

　○『魔女の宅急便』の主人公・キキはフリーランスの宅配便業者として自己実現や社会経験を積むため、「②アルバイト（非正規雇用）」として働いている。
　○『千と千尋の神隠し』の主人公・千は湯婆婆の風呂屋で正社員として両親や仲間を助けるため、「①児童労働」兼「③ヤングケアラー」として働いている。

＜授業プリントの生徒意見例（高校1年B組・女子生徒30人（無回答3人））**＞**
○キキ：
・アルバイト。魔女の修行をする＝自分の成長のために働くから。
・アルバイト。あくまでも自主的に自分の意思で自由に働いているから。

○千：
・児童労働とヤングケアラーの中間。働かないと風呂屋で生きられないから。一方で、豚になってしまった両親やハクを助けるためにも働いているから。

4　まとめ

以上の論点整理・分析を踏まえて、以下の「論争問題」について3人1組で討論をした。ワークシートに記載された主な意見の結果と事例も含め掲載する。

> Q8. 湯婆婆の風呂屋での「千」の働き方は、**「労働・仕事・活動」**（『人間の条件』）の概念を使って説明すると、**「どのような働き方**（状態）」と言えるのか？

<**授業プリントの生徒意見例**（高校1年B組・女子生徒30人（無回答3人）)>
●「労働」（16人）
(例)私は労働だと思う。千はそうせざるをえない生命維持・自分のための「労働」という働き方をしているようにみえたからだ。
●「仕事」（2人）
(例)仕事だと思う。千は自らが生きるためだけではなく、親や仲間を助けることで仕事の楽しさを知って成長し、風呂屋の従業員の務めを果たしたから。
●「活動」（7人）
(例)千の働き方は活動だと思います。見た感じは生命維持の労働だけど、実際は風呂屋の内外の人たちと協力しながら「豚になった両親を助ける」ために生きているように思ったからです。
●「労働＋仕事」（2人）
(例)私は労働から仕事に変わったと思う。初めは働かないとお風呂屋で生きていけなかったけど、後に仲間を助けようと自分から働くようになったから。
●「労働＋活動」（3人）
(例)千の働き方は神様（お客様）が行きかうお風呂屋での労働という側面と、色々な問題を解決していくための活動の両方の側面があると思います。

　班別討論の結果、クラスの過半数が千の働き方を「労働」と定義している。

　前述した討論の後、本研究授業の振り返りとして最後の10分間で学習テーマ「少女は「はた」を「らく」にできるのか？　（働くとはどういうことか？）」という論題で全体討論を行った。討論後、生徒2〜3名による口頭発表では「千はアニメのスーパー小学生だからあんな働き方ができるけど、現実の高校生である私だったらあんなブラック労働はしたくないな」という意見が挙がった。生徒たちは非現実世界の千と現実世界の自分を比較しながら思考している。

5　アクションと評価

　その後、通常の授業で教員の方から「では、皆さんにとっての理想の働き方とはどのような状態ですか？」という問いかけをして公開研究授業の振り返りをしたところ、生徒同士の討論では「自由で多様な働き方が良い」という方向に落ち着いた。その結果、当該学級は放課後の教室掃除時間が短縮化した。背景としては、生徒たちはそれまで放課後の教室掃除を疎外された時間として何も考えずに掃除していたが、研究授業での学びを活かして自由時間を確保するために主体的な工夫によって掃除を効率化し労働疎外の克服に挑んだからだ。

　本研究授業の「論争問題学習」では千の働き方を「労働」と捉える生徒が多数派を占めたが、一方では千の働き方から「仕事」や「活動」の要素も見いだしている。生徒たちの討論結果に対する筆者の考察は、以下の通りである。

　つまり、千は、異世界で生き延びるとともに、名前と父母を取り戻すため懸命に働いた。生き延びるだけでなく、湯を汲んで掃除をするような労働の中で神々と心を交わそうとした点を生徒は「仕事」と捉え（生徒は主体性を見ている）、さらに風呂屋のあり方を変えた点を「活動」と捉えた。

　これは、アーレントの「人間の条件」（労働・仕事・活動）を生徒たちなりに理解した結果だと考えられる。はたを楽にするとは、はた＝他者と関わり、社会を変えることにつながる、と生徒たちが理解を広げたのではないだろうか。

【文献・資料】
ハンナ・アーレント『人間の条件』ちくま学芸文庫、1994年
駒崎弘樹『「働く」とは他者を楽にすること』NIKKEI STYLE、2013年
河野真太郎『闘う姫、働く少女』堀之内出版、2017年
川口広美・奥村尚・玉井慎也「「論争問題学習」はどのように論じられてきたか」『紀要：教育学研究』第1号、pp.40-49、広島大学大学院人間社会科学研究科、2020年

～～～～～～～～～～ C. 働く ～～～～～～～～～～

7 過労死——人間らしく働くために

真野 春子

　ワーク・ライフ・バランスがさけばれる一方、長時間・過重労働や職場のハラスメントによる精神疾患・自殺は後をたたない。第7章では過労死・過労自殺の事例を通じて生徒たちに、労働契約の当事者である「労働者」として、健康で生き生きとした職業生活をおくるにはどうしたらよいかを考えさせたい。

1 課題の設定

　少子化の中で若年労働力が減少し、人手不足がさけばれるのにも関わらず、非正規雇用が増え続け、若者の働く環境は依然厳しいものがある。「正社員」であっても、低賃金で長時間労働と重い負荷がかけられている状況がある。

　日本で過労死が社会問題となったのは低成長期にはいった1980年代で、"Karoshi" は国際語となった。このころの過労死は40〜50代の男性が中心であったが、1990年代後半以降、20〜30代の過労死・過労自殺が増加し、2000年代以降は女性の割合も徐々に増えている。また死にまで至らなくても、過重労働やパワハラが原因の精神疾患も増えている。

　こうしたなかで、厚労省は2001年、長時間労働と脳・心臓疾患の因果関係を認め、また1999年、精神障害および精神障害の結果としての自殺も労災対象にした。2018年には時間外労働の上限規制や年次有給休暇の強制取得などが定められ、過労自殺の原因ともなるパワハラの防止が企業に義務付けられるようになった。現在、日本の労働者の総労働時間は減少傾向にあり、長時間・過重労働を原因とする精神障害・自殺も横ばいか減少傾向にある。かわって増加しているのはハラスメントを原因とする精神障害である。

　しかしながら国際的にみると、日本の労働時間は依然として長い。またコロ

諸外国における「週労働時間が49時間以上の者」の割合（令和3年）

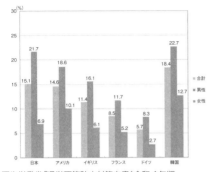

厚生労働省『過労死等防止対策白書』令和4年版

ナ禍のなかで、医療・介護・公務員といった人々が過酷な労働を強いられている。こうしたなかで、過労死・過労自殺にいたった原因や、そこに至らないまでも、日本に蔓延している長時間・過重労働の原因は何かをあらためて考え、個人の努力だけでなく、政策や企業、社会全体のありかたを含め、解決策を生徒とともに探求したい。

2　情報の収集

（1）労働に関する基礎知識を学ぶ

　まず労働に関する法律について、最低限、以下の知識を知っておきたい。
　【労働法の基本原則】憲法が労働法の根拠／労働契約上の弱者である労働者の保護／労働基準法の労働条件は「最低基準」／労基法違反には罰則規定／労働基準監督署の役割　【労働契約について】労働条件は書面で明示／労使協定の意味／解雇の条件／禁止されている解雇事由・期間／整理解雇の4要件　【労働時間、休憩、休日】法定労働時間・休日・休憩の規定／時間外・休日労働の条件(三六協定・割増賃金)　【休暇と休業】年次有給休暇　【賃金について】最低賃金／時間外労働・休日労働・深夜業の割増賃金　【安全・安心で働くしくみ】使用者の安全配慮義務／パワハラ・セクハラの防止／労災　【労働組合の役割】(労働組合については、各労働団体のHPに説明や活動の紹介がある)

（2）過労死・過労自殺について

　①統計　厚生労働省が毎年発行している「過労死等防止対策白書」に、労働時間や脳・心臓疾患、精神障害の労災など各種統計、対策事例が載せられている。
　②事例その他　「全国過労死を考える家族の会」や「過労死弁護団全国連絡会議」などのHPで過労死をめぐる状況やとりくみなどを知ることができる。2000年代以降、若者の過労自殺が増加しているが、なかでも社会に衝撃を与

えたのは2015年、大学卒業後電通に入社して1年たらずのうちに自殺した高橋まつりさん（当時24歳）の事例だ。彼女は死の直前、休日なしでほぼ毎日深夜勤務を続け、睡眠時間が2時間という異常な長時間労働に加え、上司からハラスメントをうけていたことも明らかとなった。

　③過労死遺族・弁護士から話を聞く　過労死遺族や弁護士を授業にまねき、直接職場と労働の現状や、問題点を聞くことができる。

3　整理・分析

(1)　電通過労自殺事件について考える

　2015年に過労自殺した高橋まつりさんについて、事件の経過を記した資料や母の手記を読み、グループで感想や意見を出し合って発表し、クラスで共有した。（「　」内は生徒の意見。以下同様）

　①この事件を知ってどう思ったか

　＜驚いた・怖い・悲しい＞　「こんなにも過酷な職場があることに驚いた／もしかしたら自分も同じような状況になってしまうかもしれないという怖さを感じた／真面目すぎるが故に起きた悲しい事件だと感じた」

　＜なぜこの会社の労働環境が改善されなかったのか＞　「大手なのに労働環境が悪い／なぜ過去にも過労死した人がいるのに改善されなかったのか」

　②高橋まつりさんはなぜ死ぬまで働いたのだろうか

　＜本人の真面目な性格＞　「真面目な性格で最後までやろうという気持ちがあったから／責任感が強かった／プライドがあったから／周りの人も同じように働いていたから／母に期待されていたから声を上げにくかった」

　＜転職がしにくいから辞めるという選択肢がなかった＞　「入るのが難しい企業であり、自ら退社するというのは考えにくいから／真面目だから辞めるなどの選択肢は出てこなかった」

　＜頼れるところがなかった＞　「頼れる環境がなく、1人で抱え込んでしまって相談すらできなかった／人事、上司、労働組合が助けてくれなかった」

　③もし自分や友人が高橋さんのような労働環境に置かれたらどうするか

　自分ならその会社を辞める、友人にも辞めるように説得する、という意見が最も多かった。「職場環境や状況の改善が見られないと判断すれば退職を選択」

（2）過労死・過労自殺の背景を知る

　過労死・過労自殺に至る主な原因に、長時間労働とパワハラがある。また非正規雇用の増大など日本の雇用状況の問題もある。

1）長時間労働

　①労働時間規制の弱さ　三六協定による無力化

　三六協定を結べば、長時間の時間外労働や休日労働をさせることが可能である。

　②労働時間把握をしない、労働時間を過少に申告させる（サービス残業の強制）

　③「固定残業代」、「裁量労働制」、「みなし労働制」の横行

2）パワーハラスメント

　ゆとりのなくなった職場でパワハラは年々増え続け、過労自殺をうむ精神障害の原因の1位となっている。

3）日本の労働環境のかかえる問題

　①正社員の減少と非正規雇用の拡大による正社員への過重負荷

　非正規雇用が増えるなか、正社員に過重な労働負担がかかり、また正社員が非正規労働者になることを恐れる心理状態も、過重労働を促進する要因である。

　②日本型雇用の問題点

　日本の労働契約は、欧米のような職務に限定したものではなく会社と契約するもので、そのため会社は社員に対し無限定の支配権を持つと指摘されている。

4）その他　成果主義の拡大、低賃金と残業代への依存、労働組合の弱さなど

4　まとめ

　高橋まつりさんのような悲劇を生まないためにどうしたらよいかを考える。

（1）どのような対策が有効か

　長時間・過重労働改善の提言を載せた資料を参考にして、生徒がグループで話し合い、有効と思われる対策を3つあげて発表した。

　もっとも多かったのが、勤務間インターバル制度の導入である。「勤務間インターバル規制を法律上で11時間以上と義務化して、休日や時間外における

業務上の諸連絡を規制する」など。

　また、違法残業をさせた会社や、過労死を出した会社への罰則強化も多くあげられた。「実労働時間の客観的適正把握（罰則付き）」の法制化／「残業代不払い」や「過労死が起きた企業」への罰則強化／「過労致死罪」の創設」など。

　つぎに重要とされたのは相談体制の拡充である。「会社内で社員が相談できる環境にする／メンタルケアをしてくれる人を企業が用意する」などである。

　その他、「法定労働時間をより短くする」「月の時間外労働の上限を例外なく45時間にする」など制度の改善、また「給料を上げることで不当な労働を防ぐ」、「政府による注意喚起の活動」など、労働者側も「社員全員が法律を理解し、適正な労働時間を把握する」、労働組合の活発化、などがあげられた。

（2）高橋さんのような悲劇を生まないために必要なこと
　生徒各個人で、グループ員やクラスメイトの意見を参考にしながら、社会のありかたも含めて解決策を考えて発表した。

　もっとも多かったのは、社外の第三者機関が企業の労働環境を監視する必要があるという意見だ。「国や政府などの行政機関が会社の企業環境や勤務状況を定期的に管理し、問題があると認められた場合にはその会社に対して適当な対応をすること／その際、労働者には個別にヒアリングを行い、その内容は会社には明かさないようにする。そうすることで、労働者は会社に知られたくないことも定期的に相談する機会をもつことができる／労働基準監督署が定期的に各会社を調査／抜き打ちの立ち入り検査の実施」など。また違反した企業への厳罰化も必要だとする。

　つぎに多かったのは、社内で相談しやすい体制つくりが必要だという意見である。また、企業は労働時間の正確な把握とともに、時間外労働を減らすためには個人の仕事量を減らすべきだとする。また企業の意識改革も必要であるとする。「会社が労働環境を改善することで、仕事の効率があがることを自覚する」など。労働組合が重要との意見も複数あった。

　さらに、労働者個人としては、しっかり権利を自覚し、必要に応じて適切に助けを求めることができるようにしておくとともに、辞める勇気をもつことも大切だとしている。「労働法に対する知識を普段から持っておく／労働組合に相談することができたり、ネットを使って現状を話し協力者を求めたりするな

ど対策をとる方法がわかっていること／自分の意思を持って辞めるときには辞めるとはっきり言える人間にならないといけない」。

　また社会全体の意識の改善も必要だとする。残業や過重労働は良くないという意識を社会全体で共有する必要があるとともに、“辞められない”“辞めてはいけない”という意識も変えなければいけないとする。「残業や過重労働（の違法性を）しっかり学校で学び、全員が理解しておくべき／転職が、良くない決断をしたことだという風潮をなくすべき／子どもの頃から助けを求める、本当に辛くなったら逃げるという教育をしていくことが大切だ」。

5　アクション

　グループごとに有効と思う解決策について、プレゼンテーションをする。その解決策を有効とする裏づけとなる資料を用意し、またその解決策で成功（著しく改善）した事例やデータがあれば示す。聞いている生徒は、評価シートに発表のわかりやすさ、説得力、資料やデータの豊富さ、評価できること・疑問に思ったことなどを書き、発表グループにかえして、グループでの振り返りやレポート作成に役立てる。各グループの提案は、学外の機会をとらえプレゼンテーションを行ったり、新聞に投書するなど、社会に向けて発信させたい。

6　評価

　過労死・過労自殺を生む原因をまとめ、自分がもっとも重要だと考える解決策を提案するレポートを作成する。原因・改善策ともに表面的な記述にとどまらずに、日本の雇用・労働のあり方にまで考察を深め、ワーク・ライフ・バランスの実現可能な、あるべき社会を展望した作品を優秀としたい。

【文献・資料】
厚生労働省『過労死等防止対策白書』各年
厚生労働省「知って役立つ労働法〜働くときに必要な基礎知識〜」（同省HP）
『AERA』「過酷電通に奪われた命、女性新入社員が過労自殺するまで」（2016年10月24日号）
明石順平『人間使い捨て国家』角川新書、2019年
川人博『過労死しない働き方』岩波ジュニア新書、2020年
過労死弁護団連絡会議編『過労死』旬報社、2022年

〜〜〜〜〜〜〜〜〜〜　D．格差とセーフティネット　〜〜〜〜〜〜〜〜〜〜

8　自己責任論と社会保障
——高齢者が貧困に陥るのは自己責任か

別木　萌果

　生活保護を受けている世帯の55.8%は高齢者世帯である。しかし、少子高齢化が進む現代において「高齢者支援よりも子ども・若者支援を優先してほしい」といった世論も根強い。このような現代において、世論が分断されることなく、世代を超えて連帯・共生しようとする生徒の育成を目指す授業を提案する。

1　課題の設定

　「社会保障と年金」というテーマにおいて、鍵となる視点は「高齢者との共生・連帯」と「自己責任論」である。

　少子高齢化が進む日本社会に生きる若い世代にとって、高齢者の生活保障は自分たち若い世代の生活よりも優先されてしまうものととらえられやすい。そのため高齢化社会について授業を実施すると「高齢者の生活なんてどうでもいい。それよりも若い世代に国の予算を使ってほしい」と思ってしまう生徒も多い。しかし、学習指導要領の倫理の項に「様々な他者との協働、共生に向けて、人間としての在り方生き方についての見方・考え方を働かせ、他者と対話しながら、現代の諸課題を探究する活動を通して、次の事項を身に付けることができるよう指導する」とある通り、様々な年代と共生・連帯するためにどうすればよいか考えることが現代社会に生きる若い世代に求められているのである。

　だが、高校生の中にはこれまでの部活動や受験の経験により「その人が望まない状況にいるのは本人の努力不足だ。受験や試合といった機会は平等である」といった自己責任論的な価値観を有している生徒も多くいる。しかし、受

験も、スポーツの試合も、機会が平等であっても勉強できる環境や練習できる環境には格差があり、過程から完全に平等であることは少ないのである。

　本章では倫理(実教出版)の「第2章 現代の諸課題と倫理 第3節 家族の問題」において実践した授業の改訂版を提案する。導入は「年金や貯蓄だけでは生活費が足りず、生活保護を受ける高齢者が日本には多くいる。これは、若い時に十分に貯蓄をしていなかった高齢者の自己責任？　高齢者の生活水準を上げるために国が予算を増やすことに賛成？　反対？」と投げかけることからスタートする。本実践では「本人の自己責任だ。国の予算は高齢者ではなく若者に使うべきだ」と考える生徒や、「十分な貯蓄ができなかった事情があったのかもしれない。しかし高齢者に国の予算をさらに使うことには賛成でない」と考える生徒、「年金制度が十分ではないのかもしれない。高齢者に国の予算をもっと使うべきだ」と考える生徒など、意見が分かれた。この時点では問題の背景にある情報が少ないこともあったのか「自己責任だ」と考える生徒がやや多かった。

2　情報の収集

(1) 貧困に陥る高齢者の生活について動画を見る

　高齢者の生活が想像しにくい生徒に問題をリアルに感じてもらうため、YouTubeの「【老いるショック】高齢者と生活保護　高齢化する夢のニュータウン」(2015年、HTB北海道ニュース)[1]を見せる。動画を見た後、「動画に出ていた女性はなぜ生活保護を受けるほど生活費に困っていた？」と生徒に問いかけ「もらっている年金の額が少なかった」、「けがや病気で医療費がかかっている」といった事情に気づかせ、自己責任が問われていないことを確認する。

(2) 年金や生活保護など、基本的な社会保障制度について情報収集を行う

　その後、動画に出てきた「年金」や「生活保護」といった社会保障制度について学習する。教師が講義形式で説明してもよいが、資料集や電子端末等を活用し、グループで調べ学習を行ってもよいだろう。ここでは、ジグソー法の手法を活用した学習方法を提案する。

　まず、4〜5人の班ごとに「年金」「生活保護」「医療費補助」「ベーシックインカム」と役割を決める。そして、班ごとに課題プリントを配付する。

> 課題プリント【年金】
> (1)年金とは、どんな人がお金をもらえる仕組みですか？
> (2)国民年金と厚生年金の違いはなんですか？
> (3)年金ではどのくらいの額が支給されますか？
> (4)年金の財源は何ですか？
> (5)日本の年金制度が抱えている問題は何ですか？
>
> 課題プリント【生活保護】
> (1)生活保護とは、どんな人がどのくらいの金額をもらえる仕組みですか？
> (2)生活保護の財源は何ですか？
> (3)日本の生活保護制度が抱えている問題はなんですか？
>
> 課題プリント【医療費補助】
> (1)日本の75歳以上の高齢者は医療費のうちの何割が自己負担ですか？
> (2)自己負担でない医療費の財源はなんですか？
> (3)定年後平均で一人当たりどのくらい医療費がかかると考えられていますか？
> (4)医療費を全額国が保障することのメリットとデメリットは何ですか？
>
> 課題プリント【ベーシックインカム】
> (1)ベーシックインカムとは日本にはない社会保障制度ですが、どのような制度ですか？
> (2)ベーシックインカムのメリットはなんですか？
> (3)ベーシックインカムのデメリットはなんですか？

　その後、それぞれのテーマを調べた生徒が1つの班に1人以上ずつ集まるように班替えを行い、それぞれが課題プリントにおいて調べたことを発表する。そのうえで、どの社会保障がよい制度だと思うか班でディスカッションを行う。

3　整理・分析

(1) なぜ「自己責任論」が日本社会に蔓延するのか分析する

　授業の最初に問いかけた問いをもう一度生徒に問いかける。考えが変わる生徒も複数いる。そのうえで、知らず知らずのうちに自己責任論的な価値観を内面化していることに気付かせるために、以下のような問題を考えさせる。

> ○これって自己責任？　自己責任でない？
> ・棚の上に登ったら棚が壊れてけがをした。
> ・立っていたら後ろから突き飛ばされてけがをした。
> ・私立大学に入学したが親の年収が減った。授業料や生活費をまかなうためにバイトの時間を増やしたら大学に出席できなくなり留年した。
> ・私立大学に入学したが親の年収が減った。授業料が払えなくなったため中退する選択をした。

○あなたは困っている人を見たときに「それはその人の自己責任だな」と感じる
傾向にある？　それはなぜ？　親や先生の影響、部活動や受験の経験などこれ
までの自分の価値観をつくってきたものを振り返って考えてみましょう。

　以上のワークにどのように答えたか生徒間で共有し、同じ問題でも「自己責
任だ」「自己責任でない」と捉え方が人によって分かれること、見方が分かれる
要因のひとつはそれぞれの経験の違いにあることに気付かせる。「棚から落ち
てけがをしたのは自己責任だ」と反省して、事前の注意をするように行動習慣
を変えるなど、「自己責任だ」と考えることは悪いことばかりでない。しかし、
努力をしてもうまくゆかないことがあり、社会の不平等な構造によって不利な
状況が生まれることがある。そうしたことにも「本人の努力不足による自己責
任だ」と考えてしまう傾向が私たちにはあり、「国の予算で助けなくてもよい」
と考えると、苦しい生活が続く人々を放置することになると気づかせたい。

(2) 高齢者の生活水準を上げるためにどのような方法があるか考える

　高齢者の生活水準を上げるための社会保障としてどのような制度があったか、
それぞれにどのようなメリット・デメリットがあったか復習を行う。そのうえ
で、どのような制度を維持・廃止・新設すべきか考える。
　生徒からは「年金も生活保護も現状通りでよい」、「人によって得られる金額
が変わる年金よりも、ベーシックインカムの方が平等な制度だと思う」といっ
た意見が出た。

(3) 高齢者の生活水準を上げることへの賛否について整理する

　ここで改めて、少子高齢化が進んでいることや、日本が教育費へ予算を多く
割いていないこと、社会保障費の多くは高齢者の年金や医療費に使われている
ことを紹介し、様々な世代が安心して暮らすことのできる社会保障制度の充
実・安定化が課題となっていることを確認する。高齢化が進む中、生活に困窮
する高齢者も多い中で、高齢者の生活保障についてどのような意見があるのか
電子端末等で調べる。

4　まとめ

　以上の論点整理・分析を踏まえて、パフォーマンス課題として意見文に取り組む。パフォーマンス課題と回答例、および評価基準は以下のとおりである。

【パフォーマンス課題】

あなたは、高齢者が貧困に陥ることは、若い時に十分に貯金などをしていなかった自己責任だと思いますか？　そして高齢者の生活水準を上げるための政策に賛成ですか？　反対ですか？　授業で学習した社会保障の具体事例（年金、生活保護、医療費補助、ベーシックインカムなど）を挙げて、自分の意見を述べましょう。そのうえで、自分とは反対の意見の人はなぜ反対するのか予想し、自分とは反対の意見の人への反論を書きましょう。

【回答例】

私は一部の高齢者が貧困に陥るのは（自己責任である・自己責任でない・その他自由に自分の意見を表現）であると考える。そして、高齢者の生活水準を上げるための政策、具体的には医療費の無償化に（賛成・反対）である。なぜなら、貧困に陥るのは……が理由であり、（自己責任である・自己責任でない等）と言える。また、医療費の無償化は……であり、……の理由から、国の予算は……のように使うべきだからである。高齢者の生活水準を上げるための政策に（反対・賛成）している人は……といった理由で（反対・賛成）していると思うが、私はその立場には反対である。なぜなら……だからである。

【評価基準】

①一部の高齢者が貧困に陥るのは自己責任かどうかについて、主張の根拠・理由が具体的でわかりやすい。

②高齢者の生活水準を上げる政策について、具体的事例を適切にあげた。

③この政策の是非について、主張の根拠・理由が具体的でわかりやすい。

④自分とは違う立場の意見を十分に想定し、反論が明確に書けている。

　パフォーマンス課題は、生徒自身に自己評価させたあと、教師が評価を行う。そしてそのあと、よく書けていた生徒の文章を複数紹介し、様々な立場の意見を踏まえて再度ディスカッションを行う。

　実際の授業においては、最初は「高齢者が貧困に陥るのは、若い時の労働や貯金が足りなかったせいで、本人の自己責任なのではないか」と話していた生徒が、授業の後「具体事例を見てみると、病気や離婚など、様々な要因で貧困に陥ってしまう可能性がだれにもあることがわかった」と記述しており、考え方に変化が見られた。そのほかには、「そもそもなぜ『この事例は自己責任かどうか』なんて考えなければいけないのかわからない」という意見が生徒から出た際は「自己責任かどうかという判断によって、その当事者が政治に助けられるかどうかが決まるんだよ。国民の多くが『それは自己責任だ。税金を使わなくていい』と思えばその人は税金によって助けられないし、『それは自己責任でない。社会全体で助けるべきだ』と思えば、税金が使われるようになるんだよ」と説明した。また、「最初の問い『年金や貯蓄だけでは生活費が足りず、生活保護を受ける高齢者が日本には多くいる。これは、若い時に十分に貯蓄をしていなかった高齢者の自己責任？』だけではその人が自己責任かどうかわからない。もっと最初から多くの情報がほしい」という意見に対しては「今後訪れるかもしれない実際の場面では、いつも十分な情報があるわけではない。与えられた断片的な情報の中で、困っている人のことを想像する力も重要だよ」と答えた。このように、「自己責任かどうか」についての考え方が、社会保障の充実に関わることを意識させることが授業においては重要であると考えられる。

【注】

1)「【老いるショック】高齢者と生活保護　高齢化する夢のニュータウン」（2015年9月29日、HTB北海道ニュース）https://youtu.be/ZCSe_SaNIJI（2022/1/9閲覧）

〜〜〜〜〜〜〜〜〜〜　D．格差とセーフティネット　〜〜〜〜〜〜〜〜〜〜

9　生活保護

福田　秀志

　憲法25条の「生存権」に基づく「生活保護制度」は「最後のセーフティネット」である。しかし、極限の状態に追い込まれても、多くの人は生活保護の受給を拒否する。生活保護に対する誤解・偏見を解き、正確な知識と情報を伝えていくために「チラシ」「ポスター」の作成を高3「政治・経済」の課題とした。

1　課題の設定

　「コロナ禍で始まったことではない、コロナ禍で可視化された貧困」というテーマで藤田（2021）の『ハザードランプを探して』（2020年秋から「新型コロナ災害緊急アクション」の活動に密着取材したルポルタージュ）を抜粋した資料、メンタリストDaiGoの「ぼくは生活保護の人たちにお金を払うために税金を納めている訳ではないからね。生活保護の人たちに食わせる金があるんだったら猫を救って欲しいとぼくは思うんで。……」（2021年8月13日、DaiGo公式YouTubeチャンネル）を読んでもらい、意見表明を促した。

　多くの生徒は「貧困の深刻さに恐怖を感じた」「意外と私に身近な問題だ」「政治が貧困層を見放している」と書いていた。また、DaiGoの言説には「金持ちには苦しい人の思いはわからないだろう」と多くの生徒が批判的で、「彼に飼われている猫がかわいそう」と書いた生徒がいた。

　生活保護制度については、「イメージが悪いので、イメージが変われば必要な人が受けられる」「貧困は自己責任ではない」「相談窓口の不寛容さが受給をためらう理由だ」「恥だと思わされている」「制度の趣旨や内容、申請方法など

広める必要がある」「不正利用があると報道されたのを聞いたことはある」「生活保護は甘えだ、自己責任だという考えが広まっている」「制度の情報を知らない人が多すぎる」と、世間で言われるほど、否定的な意見は少なかった。

　以上から、次のように整理して、課題を設定した。「日本では、生活保護の利用要件を満たすが利用せず、生活保護基準以下で生活を送っている人がたくさんいる。生活保護の利用要件を満たす人のうち実際に利用している人が占める割合を『捕捉率』といい、非常に低い。2018年の厚生労働省推計資料によると所得だけで判断すると約2割、資産を考慮しても約4割と言われている。低い理由は、第1に国民の知識不足、第2に偏見とスティグマ（恥の意識）、第3に役所窓口での『水際作戦』だと考えられる。よって、『捕捉率』を高めるために、制度に対する誤解・偏見を解き、正確な知識と情報を市民が共有する必要がある」。そこで市民向け（生活に困っている人を含む）に広告を作成するとともに、もっと受けやすい制度にするために行政への政策提言をしよう。

2　情報の収集

　まず、制度をめぐる知識として知っておくべきことを調査してもらった。
　その内容は、憲法25条「健康で文化的な最低限度の生活」とは、受給者数と世帯類型別被保護世帯数の推移、政治家によるお笑い芸人へのバッシング、2013年以降の保護基準引き下げと保護基準見直しに伴う他制度への影響、引き下げに伴う裁判闘争（いのちのとりで裁判）、最後のセーフティネットである生活保護制度と、雇用・労働と社会保険制度の狭間を埋める第2のセーフティネットである求職者支援制度と生活困窮者自立支援制度について、諸外国の生活保護制度の現状などである。

　知識構成型ジグソー法の手法を応用して、班のメンバーが異なった項目を調査し、お互いがその資料について紹介することで、時間の短縮を図るとともに、ポイントを整理して相手に的確に伝える練習とした。

　その後、課題解決のために必要と思われる情報を、インターネットや書籍にあたるように指示をする。生徒が調べやすいように、以下のように一部であるが、インターネットの検索キーワードと書籍の紹介を行った。

　◎「生活保護を必要としている人、そして現場で働く人へ」で検索すると、N

ＨＫで詳しい申請条件や制度の改善案など専門家の意見がある。

　◎「権利性が明確な『生活保障法』の制定」や「あなたも使える生活保護」で検索すると、日本弁護士連合会のパンフレットで上と同様の意見がある。

　◎書籍としては、『生活保護法から生活保障法へ』（明石書店、2018）、『困ったら迷わず活用　さあ生活保護を受けましょう！』（唯学書房、2021）、『わたし生活保護を受けられますか』（ペンコム、2022）、『Ｑ＆Ａ　生活保護手帳の読み方・使い方　第2版』（明石書店、2020）、『外国人の生存権保障ガイドブックＱ＆Ａと国際比較でわかる生活保護と医療 』（明石書店、2022）などがある。

　特に保護の要件が厳しすぎるため、本当に困っている人たちを利用から遠ざけている内容とはどういうものなのか、注目して調べるように伝えた。

3　整理・分析

　教員が提示した資料の読み取りやインターネットでの調査によって資料の整理や分析が行われていく。第1の課題が「生活保護制度に対する誤解・偏見を解き、正確な知識と情報を伝えていくために市民向けの啓発広告を作成する」という課題であり、どの部分を焦点化してチラシ・広告（Ａ4，1枚）を作成するのかは各班によって違いが出てくるので、整理・分析は非常に大切になってくることを伝えた。

【班別で整理・分析をする生徒の声を拾ってみた】

「2020年12 月22 日に厚生労働省はＨＰで『生活保護は国民の権利です。生活保護を必要とする可能性はどなたにもあるものですので、ためらわずにご相談ください』とのメッセージを掲載したのに、申請をためらう人がいるのは、生活保護バッシングがあったからかな」「スマホを持っていない困窮の人には、厚労省のＨＰは見ることはできないのでは」「スマホを持っていたとしても困窮生活をしている人は、厚労省のＨＰにたどり着くのか」「『生保＝ナマポ』とインターネット上で生活保護やその受給者が呼ばれている。恥だという意識は拡散されている」「住民票がなければ生活保護は受けられない、持ち家のある人は生活保護を使えない、働ける年齢なので生活保護は使えない、車は処分しないと受けられない、親族に相談してからでないと受けられないなど、誤った内容を窓口職員がいう場合もあり、市民の多くはそう思ってしまう」「自動車

は原則保有不可だが、障がい者が自動車で通勤するとか、公共交通機関の利用が困難な地域に居住する場合は認められる場合もあるんだって」「本当に困っている人は助けるべきだが、努力していない人は助けるべきではないのではないのか、悩んでしまう」

　また、「受けやすい制度にするために行政への政策提言をする」については、「法律の名称」「捕捉率の調査と捕捉率向上の国・自治体の義務」「国民・市民への広報義務」「生活保護に関わる職員の専門性と人員体制」「扶養義務」「預貯金保有要件」「自動車の保有」など教員から行政への提言の方向性を示した上で整理・分析を促した。

【班別で整理・分析をする生徒の声を拾ってみた】

　「役所の窓口での水際作戦で追い返されるのならば、オンラインでも申請ができるようにすればどうか」「でも、スマホやパソコンを持っていない人はできないよ」「厚生労働省が『生活保護は国民の権利です』といっても、窓口は自治体だ。自治体が積極的に市民に呼びかけないと」「『生活保護』という名前が『恥』であるという思いを持つのではないか、『生活のための権利法』にすればどうか」「所得要件だけではなく、家屋・自動車・預貯金といった資産要件、働く意思があるという能力要件、扶養義務者による扶養の優先などの要件がある。この要件が厳しすぎるため、本当に困っているのにその人たちを制度利用から遠ざけることになっていることが資料から明らかになった」「外国籍住民の生活困窮者はどうなっているのか。外国人技能実習の困窮者のことはよくニュースで聞くけど」「パソコンは持てないと聞いたけど、今では必需品では」「福祉事務所で働く専門的な職員が少ないのと、慣れたら部署を異動するということが、丁寧な窓口対応ができない大きな問題だ」

4　まとめ

　各班が整理・分析の上、チラシ・広告を作成していった。多くの市民や生活に困っている人に対して、利用の権利性や偏見・スティグマ（恥の意識）の軽減、制度の誤解、正しい意識を伝えていくために、図や絵も使用しながら、「手書き」か「タブレット」で作成していった。また、受けやすい制度にするための行政への政策提言については、重要だと思うベスト3をまとめていった。この後、

「キャッチフレーズ、作成するにあたって工夫したところ、これを見て市民の意識はどう変わるだろうか」ということを、行政への政策提言については、最も重要だと思う政策提言を1つだけ、「なぜ重要だと思うのか」の理由を含めて、各班6分で報告・発表していった。

　以下、各班のチラシ・広告のキャッチフレーズの一部を紹介する。

　◎悪質な不正はごく少数だ。それよりも、生活保護の利用要件を満たすのに実際に利用していない人がたくさんいるのは、生存権の侵害だ。

　◎失業した、生活で困っていることがある場合は、とにかく福祉事務所などの公的機関や、ＮＰＯなど支援団体の相談窓口に連絡しよう。

　◎本当に困っている人は助けるべきだが、努力していない人は助けるべきではないという意見について、あなたの正義感はわかりますが。

　◎失業や生活の困窮は自己責任ですか。

　◎住民票がなければ生活保護は受けられない。持ち家のある人は生活保護を受けられない。働ける年齢なので生活保護は受けられない。車は処分しないと受けられない。親族に相談してからではないと受けられないは本当ですか？

　以下、生徒の政策提言の一部を紹介する。

　◎強い偏見とスティグマ（恥の意識）を払拭するために、「生活保護」の名称を変更すること。その際、パブリックコメントや支援団体の意見を聴くこと。

　◎「生活保護は権利です」の取り組みを各自治体に徹底させ、予算をつけて自治体での創意工夫を促すこと。また、専門的な職員の配置と増員のために予算をつけること。

　◎所得要件・資産要件、能力要件、扶養義務者による扶養の優先などの要件を緩和し、受けやすくすること。不正などについては、事後の減額や停止、廃止によって、市民の理解を得ること。

　◎外国籍の生活保護について、入管法別表第2に掲げられた者に限定して、『適用』という形で保護が行われているが、日本国籍者と同様の権利を認めるとともに、外国籍の生活保護適用者の幅を拡げること。

　最後に生徒から制度設計の提案がなかったため、以下のことを伝えた。

　「日本の生活保護では利用者の半分が高齢者であり、これは国民年金の年金額が厚生年金と比してかなり低いためである。スウェーデンなどは、税制度の中で低所得者に対して税金や保険料徴収額から引く形で、容易に支援ができる

制度設計がされている。最低生活費を下回り申告がされないと生活保護が行われないという考え方ではなく、低所得者には教育や住宅・医療・自立支援などの給付を個別に利用可能にする制度の改善も必要であろう」。

5　評価

　チラシ・広告については、ア：利用の権利性について言及されている。イ：偏見・スティグマ（恥の意識）の軽減、制度の誤解を解きほぐすものになっている、正しい知識を伝えるものになっている。ウ：ア、イを伝えるために工夫をしている。行政への政策提言については、ア：重要と思われる政策提言が3つされている。イ：それぞれの提言について、重要と思う理由が述べられている。ウ：この政策提言によって、市民が受けやすい制度になると実感できるものになっている、を評価項目とし、教員の評価と生徒による相互評価を行った。振り返りシートに、ア：学習を振り返って、学習前と学習後に自分の考えを比較して、変わったこと、思ったこと、考えたことを書いてもらった。イ：それぞれの班で生徒がどのような役割を果たしたのか、誰が最も貢献したのかなど相互評価をしてもらった。

【文献・資料】
生活保護問題対策全国会議『生活保護法から生活保障法へ』明石書店、2018年
自治労連・地方自治問題研究機構「特集生活保障——国と自治体の責務を問う」『季刊　自治と分権』
　（No.88　2022夏）大月書店、2022年
藤田和恵『ハザードランプを探して』扶桑社、2021年
岩永理恵他『生活保護と貧困対策』有斐閣ストゥディア、2020年
いのちのとりで裁判全国アクション（inochinotoride.org）のHP（2022/12/29閲覧）

E．財政と金融

10　税金と国債、国家財政

野嵜 雄太

　子どもに財政に関するレポートを作成させると、税の制度や仕組みを詳しく調べ、まとめることはできる。しかし、少子高齢社会の実態をふまえ、財政の問題点を把握し、解決策を提案することは難しい。本章では井手(2016)による日本の財政が抱える3つの罠を基に、必要ギャップ、再分配、自己責任の3つの視点を定め、子どもと社会がつながる探究学習の方策を示す。

1　課題の設定──財政に関する問いを立てる

　中学校第3学年の社会科公民的分野において、財政や社会保障の仕組み、税の種類などを学び、単元のまとめとしてレポートを作成させたとする。子どもは「介護保険制度はどのような仕組みか」、「諸外国の税制度はどうなっているか」、「消費税はどのような仕組みか」、「国の借金を減らすにはどうすればいいか」などの問いを立て、レポートにまとめていくだろう。

　しかし、子どもの自主性に任せてレポートの作成を進めるだけの探究学習では、各自が立てた問いを深く探究し、実社会との関わりで解決策を提案したり、自分が調べたことを仲間と深め合ったりするのは困難である。子どもが財政や税に関する問いを探究することを通して、日本がどのような社会をめざしているのかを分析し、どのような社会をめざすべきなのかを自分なりに考えることができるような力をつけるためには、教師の支援が重要である。では、どのような支援が必要なのか。

　はじめに、子どもに問いを立てさせる段階で、財政の目的を明確にする。財政の目的として井手(2017)は「社会のメンバー全員が必要とするもの、つまり、人間ならば誰もが必要とするものを提供するために、財政は存在する」と述べ

る。この目的を実現するため、国家は国民から税金を集め、社会保障や教育などの公共サービスを提供していることを確認する。

　次に日本の財政の現状をおさえる。財務省ＨＰによれば「これまで、歳出は一貫して伸び続ける一方、税収はバブル経済が崩壊した1990年度を境に伸び悩み、その差はワニの口のように開いてしまいました。また、その差は借金である公債の発行で穴埋めされてきました。足もとでは、新型コロナウイルス感染症への対応のため、歳出が拡大しています」と述べる。そして「普通国債残高は、累増の一途をたどり、2022年度末には1029兆円に上ると見込まれています」とする。このような日本の財政の現状から、多くの子どもは社会のメンバー全員が必要なものを提供するという財政の目的よりも、歳出を削減することを意識し、問いを立て、解決策を考えていくだろう。

　しかし、歳出を減らすということは、国民は国家に税を徴収されるものの、必要なサービスは提供されないことになる。その結果、税はとられるもので、自分には還元されず、税を徴収する国家への不満が高まる。日本の財政の現状から、子どもの意識が歳出を減らすことだけに焦点化されてしまうと、どのような問いを立てたとしても、無駄なものを減らす、得している人を探し、削るといった視野の狭い範囲にとどまる探究学習になってしまう。

　そこで、日本の財政の課題を読み解くための視点として、井手（2016）が述べる日本の財政が陥っている3つの罠を活用する。すなわち、「世代間の対立＝必要ギャップの罠、所得階層間の対立＝再分配の罠、社会保障を自分たち自身でなんとかする＝自己責任の罠」である。井出（2016）は必要ギャップの罠について「現役世代の生活を保障していこうとすれば、高齢者たちの反発を招くし、逆もまたしかりである」とする。再分配の罠については「財源を負担する中間層や高所得層が受益に乏しいと感じているとき、特定階層への給付の集中に対して、税の負担者である彼らは反発する」と述べる。自己責任の罠については「核家族化や共働きの割合が高まり、さらなる育児・保育サービスへのニーズを生み出しつつ、それに対応できない政府への苛立ちが強まる」と解説する。これらの3つの罠を、必要ギャップ、再分配、自己責任の3つの視点として定め、子どもが問いを立てたり、問いを探究させたりする際に活用する。

　視点を定める理由として、第一に財政の目的を意識させ、自分の問いを実社会と関連させて考えることができるため、財政の仕組みや税制度の詳細に深入

りするのを防げること。第二に支出を減らすにはどうすればいいかという方向
だけの解決策となってしまうことを防ぎ、増税策（収入を増やす）も視野に入れ
られること。第三に仲間と議論する際に、共通の視点を持たせることで、自分
の意見と他者の意見の相違点を明確にでき、学んだことを深め合うことができ
ること。視点を定めて探究学習を進めることで、生活を支え、将来の不安をな
くすために必要なサービスは何かを考え、誰かの利益ではなく、みんなの利益
は何かという財政の目的を意識した方策を検討することができる。

2　情報の収集──視点を定めた調査活動

　子どもはインターネットを中心に情報を集め、図やイラストを入れたり、レ
イアウトや内容を工夫したりして、レポートにまとめることはできる。しかし、
検索した情報を深く吟味・理解せずに、集めた情報をまとめるだけになってし
まう子どもも多い。この段階にとどまってしまえば、日本の少子高齢社会の実
態をふまえ、財政が抱える問題点を把握し、解決策を提案するには至らない。
そこで自分が立てた問いの解決に向けて、必要ギャップ、再分配、自己責任の
3つの視点で情報を集めていく。これにより実社会とのつながりを意識して情
報を集めることができる。
　視点を定めて、情報を収集させようとするものの、子どもは情報の入手のし
やすさからインターネットでの情報に頼りがちになる。また公的な機関のサイ
トなのか、個人が作成したサイトなのかを見抜く力が乏しい者もいる。そこで、
検索で使用するサイトを事前に教師が絞り込み、指定する。例えば、財務省、
国税庁、全国納税貯蓄組合連合会、市や県の租税教育推進協議会のHPである。
これらのHPを活用すれば、正確で十分な情報を得られる。
　子どもの持つ財政についてのイメージを広げるための情報を教員が提示する
のもよいだろう。井手（2017）は日本の財政の特徴として、日本は世界的には小
さな政府の一つであること、公務員の割合が少ないこと、社会保障は高齢者が
メインで、働く現役世代のための支出は低く抑えられていること、公共投資の
割合が高いこと、農業関連の予算が少ないこと、教育への投資が少なく、私的
負担が多いことなどを挙げ、日本の財政赤字の原因は少なすぎる税収にあるこ
とを指摘する。これらの情報を提示すれば、子どもが持つ財政や税に関して、

無駄なものを減らすといった一面的なイメージを広げた上で、各自が立てた問いを探究させることができる。さらに、財政の歴史的連続性に着目させるのもよい。例えば過去（戦前や戦中）の税の使い道と現在の使い道のグラフを示す。歴史的分野で学んだことを生かせ、現在の日本の財政がどのように形づくられてきたのかがわかれば、歴史をふまえた解決策が提示できる。

　学校で購読している新聞を活用するのも効果的だろう。司書教諭や図書整理員に協力していただき、子どもが選択しそうなテーマを事前に伝え、新聞記事の切り抜きをストックしてもらうのもよい。また探究学習の期間中、税に関する本を図書室に並べてもらうことで、子どもの学習意欲を喚起できる。さらに県の租税教育推進協議会作成リーフレットを活用したり、出前授業も実施したりすれば、自分が持つ疑問を税制に関わる担当者に直接聞くこともできる。

3　整理・分析——情報の共有と学び合い

　作成したレポートを基に、仲間と議論したり、発表したりすると、各自の意見を述べ合うだけになったり、調べたことを報告するだけになったりするため、個々の子どもの学びの成果を仲間と深め合うことが難しい。そこで先述した3つの視点を活用すれば、仲間と議論する際に異なる問いや解決策であっても、自分の問いと解決策との相違点を明確にできる。例えば必要ギャップの視点で見ると、介護や年金といった高齢者世代への給付を重視したAさんと現役世代の生活保障を重視したBさんの対立点がわかる。次に再配分の視点で見た場合、集めた税を低所得層に手厚く配分することを主張するCさんと、所得に関わらずすべての世帯に配分することを主張するDさんの意見の違いが明確になる。さらに自己責任の視点で見ると、消費税を増税した場合、配分の方法によっては失業者やひとり親家庭の生活が厳しくなることを主張するEさんや、消費税を減税すると、財源の確保が困難になり、国によるサービスが削減され、自分でなんとかしなければいけないことが増えることを危惧するFさんなど、税制を改革した時の効果を予測できる。視点を定めて議論することで、自分と他者の立ち位置の違いを明確にできたり、実社会に生きる多様な個人を念頭に置いたりして、情報を整理・分析することができる。

　筆者は歳出を減らす、削る以外の解決策もあることを示すため、子どもの視

野が広がるような情報を提示したが、仲間と議論した結果、自分の考えを変えたり、歳出を抑えるための解決策を提案したりする子どももいるだろう。自分と異なる意見や多様な情報を精査・吟味した上で、選択・判断することができ、根拠を明確にすることができればよいと考える。

4　まとめ——外部人材の活用と他教科との連携

　行政の職員や学校評議員、地域の方々など、多世代の外部人材に向けて、調べたことを発表する機会を設けたい。コメントをいただいた後、発表内容を再構成し、解決策を再提案できれば、問いをさらに深めることができる。また、他教科との連携も効果的である。例えば家庭科(衣、食、住、育児に関する政策)、理科(エネルギー、生命倫理)、道徳(難民、経済協力)、特別活動(学校の施設や防災)、各校の総合学習のテーマ(多文化共生など)との関連性が考えられる。カリキュラム・マネジメントの視点を活用すれば、財政に関わる問いを教科横断的に探究することができる。例えば「少子化に歯止めをかけるにはどのような財政とすればいいか」という問いを探究し、子育てに関わる給付を充実させる解決策を提案した子どもの場合、多世代の人々からのアドバイスにより、子育て世代以外の世代のことも考える必要性に気が付いたり、家庭科で学んだことを活用し、全ての世代に関わる住居に関する政策と関連させた解決策に発展させたりすることができる。

5　アクション

　学校便りにこの探究学習の成果を掲載して地域に発信し、リアクションを求める。さらに各種のコンクール(交通、人権、道路、新聞など)に財政や税の課題と関連させた作品を応募するなどが考えられる。日常生活では選挙が近づけば、駅や街頭で選挙活動をしている人や、のぼり旗、ポスターなどを目にする機会も増える。そのときにその人や政党が主張する政策と財政との関係性を考えることができる。例えばある候補者は減税を主張するが、減税した結果、公共サービスはどうなるのか、実現させるための財政上の課題は何か、仮に実現させたら、新たにどのような問題が生じるかなどである。ここでも必要ギャッ

プ、再分配、自己責任を分析の視点として役立てることができる。

　日本の財政の課題について、視点を定め、子どもと社会がつながる探究学習により、日本がどのような社会をめざしているのかを分析し、どのような社会をめざすべきなのかを自分なりに考えることができる。学習活動後には自分の立てた問いが新たな問いへと発展していくことを期待したい。社会に直接働きかけるアクションではなくても、財政や税に関する問いを持ち続けることで、納税者としての意識も高まり、財政民主主義の実現につなげることができる。

【文献・資料】

井手英策・古市将人・宮﨑雅人『分断社会を終わらせる――「だれもが受益者」という財政戦略』筑摩書房、2016年
井手英策『財政から読みとく日本社会――君たちの未来のために』岩波書店、2017年
財務省HP https://www.mof.go.jp/zaisei/current-situation/（2022/12/25閲覧）

11　社会的共通資本と民営化

福田　秀志

　市場の取り引きに任せていても、供給できないモノやサービスがある。これ
らを「公共財」（準公共財）と呼び、政府や自治体が供給してきた。しかし、公
共財を減少させ、これらを私有財とする方向が進んでいる。公共財について、
民間企業に任せることの是非を高3「政治・経済」の課題とした。

1　課題の設定

　1980年代以降、世界中で資本主義経済の停滞を契機に、政府機能の肥大化
が経済システムの機能不全の原因だとし、国営・公営企業の民営化、規制緩和、
小さな政府など市場に委ねればうまくいくという「新自由主義」（政府や自治体
の役割を縮小し、民間企業、市場の原理に任せることが最善であるという考
え）政策がグローバリゼーション時代の経済政策として潮流をつくりだした。
日本においては、1980年代の国鉄、日本電信電話公社、日本専売公社、2000
年代の日本郵政公社、日本道路公団の民営化である。

　それ以降「官・公によるサービスは非効率、民営は効率的」という考えのもと、
政府・自治体が担っていた公共的な役割を縮小し、住民生活に必要不可欠なイ
ンフラなど、民間企業に委託してしまう（官民連携＝ＰＰＰ＝パブリック・プ
ライベート・パートナーシップ）や民営化（ＰＦＩ＝プライベート・ファイナン
ス・イニシアティブ）の分野が拡大し、昨今は少子高齢化の進展や財政難から、
公共財の範囲を狭くしていこうという流れが加速している。

　ここでは、①「図書館の民間委託・指定管理者制度」（ＰＰＰ）の是非、②「上
水道の運営権を民間企業に渡すコンセッション方式」（ＰＦＩ）の是非について、
課題を設定した。クラスは4人グループの班が10班、①か②のどちらか興味の

ある方の課題を選択し、調査するように促した。調査したいという班の思いを優先し、①②を調査する班が半々にならなくてもよいこととした。

2 情報の収集

以下の(1) 〜 (4)の6までの「問い」に回答する形で情報を収集するように促した。

(1)官民連携＝ＰＰＰは公共(自治体)と民間企業が連携して公共サービスを行う計画で、PFI、指定管理者制度、市場化テスト、公設民営(DBO)方式、包括的民間委託、自治体業務のアウトソーシング等が含まれる。「民間委託・指定管理者制度」「公共施設等運営権方式＝コンセッション方式(ＰＦＩ)」とはどういうものなのか、施設の所有・管理権を中心に違いを確認しよう。

(2)なぜ自治体が担ってきたのか、自治体から民間企業へという流れがでてきたのか、規制緩和・規制改革・公共サービスの民営化の動きを調べよう。

(3)図書館の民間業務委託・指定管理者制度について、民間委託・指定管理者制度になるとどうなるのか、直営に戻した図書館が10以上あるが、その理由はなにか、などを調べ、「財源・効率化・公共性・公益性」の観点に着目して考えることを促した。

「図書館　民営化」と検索すれば、情報が得られる。民間企業に運営を任せている武雄市の例やその委託企業である「カルチュア・コンビニエンス・クラブ」、愛知県小牧市の民間委託に対する住民の反対運動、民間に委託していた図書館を直営に戻した守谷市などの情報も参考になる。

(4)「水道の運営権を民間企業に渡すコンセッション方式の水道民営化」

1：1887年、横浜で水道が通水したが「民営か公営か」の議論のなかでなぜ「公営」と決まったのか。

2：水道をめぐる現在の危機の現状について

3：水道法改正(2018.12)の政府側の理由と内容について

4：水道法改正で、議論が集中したのが、官民連携の推進でのコンセッション方式導入である。コンセッション方式の利点と問題点について。

5：水道を民営化から再び公営化にした事業体が多い。その理由は。

6：海外の再公営化事例を踏まえて政府はどういう対策を考えているのか。

　「水道法改正」「水道民営化」をキーワードに検索すれば、多くの情報が得られた。2022年4月から「コンセッション方式」を導入した宮城県のホームページや、市民に理解が進んでいないという理由で「コンセッション方式」の検討を含め、導入を延期している浜松市のホームページ、条例制定が廃案になった大阪市で「大阪の水道を考える市民の会」が発行したリーフレット『ちょっと待って水道の民営化』などが参考になった。

3　整理・分析

　「情報収集」後、班ごとに割り当てを決めて、（1）〜（4）の6つについて、報告をしてもらった。以下は、生徒から報告されたものを簡単にまとめたものである。
　（1）「民間業務委託・・指定管理者制度」は自治体が単年度に一般競争入札をして、民間の事業者にお金を支払い、事業を担当してもらう。「公共施設等運営権方式＝コンセッション方式（ＰＦＩ）」は、施設の所有権は自治体が持つが、施設の運営権が企業の手に移り、民間事業体が施設の維持管理や運営を行えるようになる。「運営権」を持てば、施設を譲渡したり、経営が悪化すれば、担保権を設定し、売却することも可能となる。
　（2）1990年代後半から、新自由主義の考え方から「小さな政府」「規制緩和」「民営化」政策が推進されてきた。「大きな政府は民間企業の活力を削ぐ」「規制緩和は善」「政府・自治体によるサービスは効率が悪い」と言われ、多くの公共財・サービスが民営化され、現在にまで続いている。
　（3）-1【生徒から出された意見】（マイナス部分）
　・利益追求のため、正規職員が非正規職員に置き換えられる。よって、専門的職員も少なくなり、サービスが低下する。・高い専門性を持つ職員が退職し、カンファレンス業務が衰退する。・個人情報の流出の危険がある。・国民の教育と文化の向上に寄与する図書館の役割が衰退する。・歴史や政治などの本が入らない。料理本や巷で売れている本ばかりが並ぶ。・若者の自立や社会参画を支援する場、家庭教育支援の場、地域交流・対話の場としての図書館の役割が損失する。・憲法に保障された「表現の自由」と表裏一体の「知る権利」を保障するために責任を負う機関が図書館である。民間企業にはこのような責任を果た

すことは無理ではないだろうか。

（3）-2【生徒から出された意見】（プラス部分）

・休日や平日の営業時間の拡大。・書店、カフェの併設。・サービスと利便性の拡充・交通の便の良い箇所に設置され、図書館に人が集まることで、周辺のお店の売り上げが増え、地域経済にも好影響を与える。・市としては人件費を削減できる。・人口が減少しているので財政状況上、やむを得ない。

（4）-1：1890年「衛生行政としての水道は私企業に任せてはだめだ」という考え方の「水道条例」が制定される。戦後、1952年に水道事業は公共の福祉を増進し、地方自治の発達に資することを目的とする「地方公営企業法」が成立した。1957年に「清浄にして豊富低廉な水の供給」を目的に水道法が成立した。

（4）-2：第1に人口減少、節水技術の進歩等で水道経営が大変になっている。第2に財政難と施設の老朽化、耐震化の問題。第3に水道職員の減少、その結果、地域の水についての知見、専門技術が失われ、継承されない。以上から安心・安全な水が供給できない事態が想定される。

（4）-3：政府は（4）-2のような現状の中、「広域連携・適正規模化の推進」と「官民連携」（民営化）を柱にこの状況を変えていきたいと考えている。最終的には水道をどうするのかは、自治体が決めることになる。

（4）-4【「コンセッション方式」のプラス面】・水需要は減るので経済効率を高めていく必要があり、民間事業者を活用すべきだ。・民間の調達・購買戦略や外注管理が可能なため、コスト削減がしやすい。・このままいけば、水道料金を上げるしかない。「コンセッション方式」で運営権を持つ民間事業者の方が値上げをしやすい。・浄水場の運転や水の品質管理などにＡＩに任せるなど技術が進み、この技術を途上国の水道の構築に生かすことができ、国際貢献になる。この利益が国内の施設の更新や水道費の増額を押さえられる可能性もある。・財政難、技術職員の後継者難を救う道は、広域化と民営化しかない。・広域化と民営化で、水グローバル企業を日本に育成し、水ビジネスを世界に進出させていく契機になる。・自治体は首長や議員は選挙で選ばれるため、住民の多数派の意志を尊重する必要があり、社会のニーズに合った思いきった政策ができない。

（4）-4【「コンセッション方式」のマイナス面】・過去の海外の事例から水道料金の上昇・水質の低下の可能性がある。・災害時の対応が不十分になる可能

性がある。・自治体から地域の水道事業者に発注されていたものが、大手事業者に移り、地域経済に影響を与える。・職員と技術が失われ、契約期間終了後の再公営化の道が閉ざされる。・自治体に管理監督責任は残るが、自治体による監視が可能なのか、自治体への情報や財務の開示など透明性が確保されるのか、心配である。・20年以上の長期契約であるが、民間事業体が長期に安定的に経営できるのか。・「コンセッション方式」にしなくても、官民連携や広域化（官官連携）によってＡＩに任せることは可能。・水は公共財であり、命に関わるものであり、憲法25条に関わる問題である。水は「社会的共通資本」であり、「市場的基準によって支配されてはならない」と経済学者の宇沢弘文が述べている。・海外では民営化の失敗により「再公営化」が進んでいる。

　(4)-5は、「再公営化」と検索すれば確認できる。

　(4)-6は、「海外水道事業における民間活用の状況」（厚生労働省）と検索すれば確認できる。

　以上の報告の中で、生徒の中から、以下のような意見があった。

　「『公から民へ』か『公を続けるのか』という二者択一の枠組みで物事を考えていたが、様々な資料にあたるなかで、特に水道事業は、このままだと『公』であっても、『民』に移行しても、問題が山積みである。『湯水のごとく、水を使い、蛇口を捻れば水が出てくる』が、その裏でこのような水道の危機が進行中であることは多くの市民は知らない。こういう私も知らなかった。市民がこの水の危機をどうするのか、地域の水道をどうするのか、行政と一緒に議論していく中で、『公か民』かを乗り越える議論が生まれてくるのではないか」というものであった。そこで、この生徒の意見を活かしながら、「まとめ」の指示を出すことにした。

4　まとめ

　情報を収集し、整理・分析後、個々にレポート、小論文という形で提出を求めることも考えたが、ここでは、模造紙を配付し、4人グループで、「公」のプラス面・マイナス面、「民」のプラス面・マイナス面を記入した上で、各自の判断内容とその理由を記入し、意見交流を実施。その議論の内容を模造紙に記入。

　次に「公と民」のそれぞれのよい面を取り入れて、どのようにしていけばよい

のか、議論を促し、その内容を模造紙に記入するように促した。その後、模造紙を使って、各班5分の報告を実施した。

5　評価

　それぞれの主張、主張を支持する理由（論拠）、主張と論拠をつなぐ客観的なデータ（根拠）を示しながら、班員同士、意見交流ができたのか、その意見交流の議論を論理的に報告できたのか、また、「公と民」の二者択一を越えてそれぞれのよい面を取り入れて、どのようにしていけばよいのかについての報告内容について評価を行った。

【文献・資料】
星野泉『財政のかたちは国のかたち』朝陽会、2022年
尾林芳匡『自治体民営化のゆくえ』自治体研究社、2020年
橋本淳司『水道民営化で水はどうなるのか』岩波ブックレット、2019年
内田聖子『日本の水道はどうする!?』コモンズ、2019年
宇沢弘文『社会的共通資本』岩波新書、2000年
岸本聡子『地域主権という希望』大月書店、2023年

〰〰〰〰〰〰〰〰〰〰〰 E．財政と金融 〰〰〰〰〰〰〰〰〰〰〰

12　社会的起業
──ソーシャルビジネスを考えてみよう

井出 教子

　高齢者介護や子育て支援、環境保護、地域活性化など社会が抱える課題の解決をミッションとし、その課題をビジネスの手法を用いて解決しようというのがソーシャルビジネスである。第12章では、高校「総合的な探究の時間」で行ったソーシャルビジネスを考える取り組みを紹介する。

1　課題の設定──「○○○」のあるところにビジネスは生まれる

（1）授業の導入（1時間）

　上のサブタイトル、「○○○」に当てはまる言葉は何か、最初の授業で生徒に問いかける。みなさんはすぐにおわかりだろうか。普段「ビジネス」について生徒に考えさせることは、公民の授業であっても多くはない。そのためか、企業やビジネスというと、すぐに「お金儲け」と結びつける生徒が多い。確かに企業は利潤の最大化を目指す側面もある。しかし、上の問いの答えは「ニーズ」、つまり人々の「〜したい」、「〜してほしい」という欲求のあるところにビジネスは生まれるということである。

　この探究学習では、ソーシャルビジネスのアイデアを考え、ビジネスプランとして書面にまとめ、最後にその内容をクラス内で発表してもらう。ほとんどの生徒はこれまでの生活でビジネスをする側に立ったことはない。そのため、「ニーズを摑む」とか、「ビジネスの手法で社会問題を解決する」というのは一体どういうことなのか、本質的に理解するのには時間がかかる。そこで、導入の授業では、人々の欲求を満たしながら、同時に社会貢献も実現しているソーシ

ャルビジネスの具体的事例を、じっくり時間をかけて紹介することにしている。

　私がこの実践をする際に必ず生徒に紹介しているのは、京都市内に販売店舗を持つ株式会社「マザーハウス」と、株式会社「和える」である。前者のミッションは「途上国から世界に通用するブランドをつくる」であり、後者は「日本の伝統を次世代につなぐ」ことを使命としている。両社共にミッションの達成に貢献するための明確なビジネスモデルが築かれており、企業としての実績もあることから、ビジネスや起業について初めて考える生徒にとっても理解がしやすく、またソーシャルビジネスのモデルケースとして説得力がある。「ビジネスで社会問題を解決するってこういうことなのか！」と合点がいきやすい事例である。このほかに、最近では新聞にも多くの事例が紹介されるので、切り抜いた記事をストックしておき、別添資料として配付している。

(2) 探究活動でソーシャルビジネスに取り組むようになったきっかけ

　筆者はこれまで主に公民分野を担当してきたため、模擬選挙など主権者教育に関する授業実践をすることが多くあった。この時に気がついた二つのことが、ソーシャルビジネスをテーマに探究学習を組み立てるきっかけとなった。

　一つは、授業で生徒に社会問題の解決方法について尋ねると、かなりの割合で「政府（又は政治家）になんとかして欲しい」という意見が出てくることである。もちろん環境問題や少子高齢化への対応、ジェンダーギャップの解消など日本の諸課題について政治に関わる者たちが対応すべきことは多い。しかしこれらの問題は私たち市民が主体的に考え、取り組むべきテーマでもあるはずだ。

　二つめは、生徒たちは社会問題を寄付や善意、又は政府支出によって解決すべき、と考えがちであるということだ。これらの方法が選択肢の一つではあることは間違いない。しかし寄付や善意は有限かつ不安定な要素を多く含み、問題の持続可能な解決策とはなりにくい場合も多い。また、安易に財政支出に頼って問題を解決しようとする姿勢を許容することは、将来的に日本経済の不安定化を招く可能性が高く、非常に危険である。

　これらの気づきから、自らが社会を構成する一員であるという認識を持ち、主体的かつ能動的に社会問題を考えるマインドを育てるための取り組みとして始めたのが今回の実践である。ビジネスには、労働者を搾取したり、外部不経済により環境や社会に悪影響を与えるというマイナスの側面があることは否め

ない。しかし、社会の法規範や利益を尊重するという善い企業統治が行われていれば、財・サービスの生産販売によって世の中をより良くし、かつ一定の収益を上げることによってその活動を持続可能なものにできるというプラスの側面もある。これは個人的な感想であるが、日本の社会科教育では、この点があまり強調されてこなかったように思われる。

　世界各国の起業家精神のレベルを比較する国際調査(Global Entrepreneurship Monitor)によると、日本のスコアは4.98（2018年）で、世界平均の23.68やアジア平均の25.90と比較してきわめて低く（参照：金間、2022）、起業チャンスがあると思う人の比率や起業家に対する評価などが低い。その原因は、労働市場の流動性の低さや、日本人の自己評価の低さなどと指摘されるが、今後日本経済が発展していくためにも、中高生の段階から起業の意義や企業が社会発展に果たす役割を学ぶ機会を持つことは更に必要になっていくだろう。

2　情報の収集（2〜3時間）

　導入で授業者からソーシャルビジネスの実例に関する情報提供を行った後は、生徒に「現代社会で満たされていないニーズにはどんなものがあるか」と問いかける。すぐにグループ活動にしてしまうと意見の多様性が生まれにくいので、まずは生徒一人ひとりに最低でも10のニーズを書いてきてもらう。家に持ち帰ることで、両親や兄弟、塾の先生などと相談して書いてくる生徒が多くなり、教室で考えるよりも多様なアイデアが出てきやすい。

　宿題を持ち寄った2回目の授業では、事前に分けておいた班毎に付箋を配布し（メンバーは3〜4名）、生徒は付箋1枚に1つのニーズを書いて、模造紙に貼り付けていく。宿題として書いてきた分を貼り終えると、生徒の手は止まりがちになるが、アイデアの良し悪しは考えず、とにかく思いつくものを全て張り出していくように伝える。馬鹿馬鹿しいアイデアに思えても、後で意外と役立ったりすることがある。生徒はツイッターやインスタグラム、ネット上のニュースなども見ながら、アイデアを考える。「政治・経済」の授業で作成した新聞のスクラップブックを参考にする生徒もいる。友達同士のおしゃべりから発見が生まれることもある。この段階ではとにかく想像力を働かせ、社会にある人々の願望や困りごとに、いかに気がつくことができるかが勝負となる。

　1時間の授業で貼り出す付箋の枚数は50程度を目安としておき、目標に到達した班から、今度はアイデアを絞っていく作業に入る。筆者は進め方について特に指示をせず、生徒の質問があったら答えたり、手が止まっている班があったら助言したりするなどファシリテーター的役割を果たすようにしている。必要ないと思っても後で役立つこともあるので、アイデアが書かれた付箋は全て残しておくように伝える。

3　整理・分析（3時間）

　ここまでは、生徒の自由な発想力や気づきを頼りに、ビジネスの卵となるニーズを見つけることに主眼を置いて授業を展開してきた。しかし、卵が孵化するかどうかを見定めるには、客観的な分析が必要となる。
　整理・分析の段階で必要な作業は二つである。一つは、そのニーズが本当に存在するか、客観的かつ具体的データの裏付けを探すことだ。政府やシンクタンクによる統計資料や、新聞各社の世論調査などを用いることが多いが、テーマによっては生徒がアンケートやインタビューを行う場合もある。二つめは、同様のニーズに注目して提供されている実在の商品・サービスを探すことである。例えば「空き家の増加」という社会問題ひとつとっても、リノベーションして再販売する、一棟貸しの古民家として活用する、地域住民が集うスペースをつくる等、多様なビジネスが展開されている。ここで既存の商品・サービスが発見されると、生徒たちはがっかりすることが多い。しかしそれらの商品・サービスにも何かしらの課題や問題点はある。そのため、生徒には先行するビジネスの事例があってもよいが、作成するビジネスプランはそれらの課題を指摘し、実在のビジネスをさらに改良する内容のものであることを求めている。

4　探究のまとめ

　生徒にはあらかじめ下のような項目が書かれたワークシート（A 3 裏表）を配付する。プランを書面にまとめておくと、内容がより具体的かつ詳細になり、生徒がその後の発表準備をしやすくなるというメリットがある。また、授業者にとっては、発表だけ見ていてはわからない準備の緻密さや情報収集の正確さ

を知り、それらを評価に含めることができる資料となる。

〈ワークシートの項目〉

　1　ビジネスプランのタイトル・概要

　2　プランを思いついたきっかけ・目的

　3　商品・サービスの詳細（①商品・サービスの内容（どんなニーズに注目し、それをどのように解決する商品・サービスを提供するのかがわかるように記述してもらう）／②既存の商品・サービスと異なる点／③競合する商品・サービスにはどんなものがあるか）

　4　顧客（①想定しているターゲット／②具体的な販売・宣伝方法）

　5　必要な経営資源等（①必要なヒト・モノ・技術・ノウハウ／②実現に向けて考えられる課題・リスクと対処方法）

　6　収支計画（年間）

　7　調査結果の添付（ニーズを裏付けるデータ、ヒアリング結果など）

※日本政策金融公庫が実施する「高校生ビジネスプラン・グランプリ」（https://www.jfc.go.jp/n/grandprix/index.html）の応募用紙を参考に作成

　発表は各班15分でパワーポイントを用い、プレゼンテーションステージで企業の役員になりきって実施してもらう。プレゼンの進め方はある程度自由にしておいた方が生徒たちの個性が出て面白いので、詳細な指示はしないが、次の3つのことはあらかじめ強調しておく。①発表は「導入」→「展開」→「まとめ」の構成とし、「展開」に最も多くの時間をかけること。②どんなニーズに注目し、どのようなサービスを提供するかがわかるように発表すること。その際、ニーズの裏付けとなるデータや既存のサービスとの違いについては詳細に述べること。③発表時間1分以上の過不足は減点対象とすること。特に③を強調するようになって以来、生徒たちにリハーサルを行うモチベーションが生まれたようで、当日の発表のクオリティが上がったと感じている。

　発表では、聞き手は全員1000万円を所有する投資家であると仮定し、全ての班の発表を聞き終えた後、自分の班以外のビジネスプランの株を購入してもらうことにしている。1株は一律10万円と仮定し、複数のプランに分散投資をしてもよいし、全額を心に決めた一つの企業の株購入に充ててもよいことにす

る。投資結果は最後の授業で発表し、より多くの株が買われた企業の株価は上昇、逆に人気のなかった企業の株価は一定の比率をかけて低下させる。非常に単純かつ簡易的な形ではあるが、株式投資や株式会社の仕組みについて学ぶ機会として利用している。

　発表されるビジネスプランの内容は例年多岐に渡る。例えば、コロナ禍で高齢女性に「孤独感を強めている人」と、「運動不足を感じる人」が増えたという二つの課題に注目した班は、両者の問題を一挙に解決する"ヤセトク"というアプリを提案した。これは、登録者と一緒に運動したり会話を楽しめるといった機能を備えたアプリで、運動すればするほどポイントが貯まり、それを提携しているスーパーなどで利用できるという特典も備えている。また、通学に新幹線を利用している生徒からは「車内販売が利用しづらい」というニーズが挙がり、彼らからは新幹線通過地域の特産品販売促進効果と Uber Eats のような手軽さを併せ持った新しい車内販売のかたちが提案された。

5　探究活動をより効果的なものにするために

　実践を重ねてきて現在感じている課題は、当事者の声を生で聞く機会を持つ必要性である。フランスの政治思想家トクヴィルは著書『アメリカのデモクラシー』で、一般市民が地域の課題に主体的に関わり行動することがより良い民主主義を実現する上で重要になると指摘した(参照：宇野、2020)。生徒が下線部のような姿勢で探究活動に取り組むためには、問題を抱える当事者や、その問題に関わって仕事をしている企業・ＮＰＯ等の職員と実際に出会うことが大きな効果を生むと思われる。そうすることで、ニーズの把握やビジネスプランの内容もより実質的かつ現実的なものになるだろう。限られた時間の中で、そういった機会をいかに創出していくかが今後の課題である。

【文献・資料】
山口絵理子『裸でも生きる——25歳女性起業家の号泣戦記』講談社＋α新書、2015年
宇野重規『民主主義とは何か』講談社現代新書、2020年
恩藏直人ほか『1からのマーケティング分析(第2版)』碩学舎、2022年
金間大介『先生、どうか皆の前でほめないで下さい』東洋経済新報社、2022年

F．環境・エネルギー

13　気候危機とその対策──気候変動「模擬」訴訟

八島　朔彦

　気候危機は、酷暑や豪雨などの異常気象、感染症拡大や水不足・食糧生産のリスクとして一人ひとりの身に迫る脅威となっている。破局的な事態を避けるために残された時間もわずかである。気候変動訴訟を題材に、気候危機に関する論点を広く見渡しつつ、何より危機の深刻さの理解と危機打開への意欲を持たせる探究学習を提案したい。

1　課題の設定

(1) 気候危機について何をどう学ばせるか

　人間活動に起因する気候変動（Climate Change）は深刻の度を窮め、近年では「気候危機」（Climate Crisis）という言葉が広く用いられるようになった。日本を含め世界中の多くの国や自治体で、「気候非常事態」（Climate Emergency）を宣言する動きも広がっている。環境活動家グレタ・トゥーンベリの言葉を借りれば、「私たちの地球が火事である」という認識が広く受け入れられてきている。

　気候危機やその対策について、生徒に探究的な学びをさせるにあたって注意すべきことは、問題を個人的な貢献のレベルに落とし込んで満足させないことである。気候危機について生徒たちに意見を求めると、「小まめに節電するべき」とか「公共交通機関を使うようにするべき」といった個人レベルの貢献策が出されがちだ。しかし、日本の温室効果ガスの排出量のうち家庭が占める割合は2割ほど（2020年度）に過ぎない。産業部門を含めて温室効果ガスを出さない社会全体のあり方を考える視点を与えなくてはならないのだ。

　気候危機を社会全体で解決するための探究学習の手法としては、理想的なエ

ネルギーミックスを考えさせる手法や、生徒に様々な国の代表の立場になって気候変動対策を議論させる手法などがすでに紹介されている。前者については、WWFがワークショップ「選ぶ！　私たちの未来とエネルギー」としてWebサイトで教材を提供していて使いやすい。後者については、筆者も「摸擬COP」と題して実践を紹介している（全国民主主義教育研究会編『民主主義21』Vol.13）。これらの手法は、社会全体で気候変動対策を進める際の重要な論点を生徒に体験的に学習させる点では有効である。しかし、これらのプログラムでは、気候変動がもたらす影響・被害の深刻さ自体は生徒の探究の対象となっておらず必ずしもその理解が深まらない。また、気候変動対策の困難さがクローズアップされることで、場合によっては対策について諦めの感を生徒に抱かせてしまう恐れもあるように思われる。

　そこで、本稿では気候危機の深刻さ自体の理解を深めさせるとともに、それを解決しなければならないという意欲を引き出すための探究学習手法として、気候変動訴訟を生徒に体験させる気候変動「摸擬」訴訟を提案したい。

(2) 気候変動訴訟とは

　気候変動訴訟とは、市民が政府や企業を被告として気候変動対策の強化などを求める訴訟である。2022年までに世界で少なくとも2000件以上の訴訟が起こされている。オランダで環境ＮＧＯと市民が政府を訴えた裁判では、2019年に最高裁が政府に温室効果ガスの排出目標の引き上げを命じる判決を下した。アメリカで8〜19歳の原告21名がアメリカ合衆国政府を訴えた裁判は、『Youth v Gov：私たちの気候変動訴訟』とのタイトルでドキュメンタリー映画になっている。これらの訴訟は、現状の不十分な気候変動対策が将来引き起こすリスクを問題にした訴訟であるが、すでに生じた被害についての訴訟も起きている。2022年にインドネシアの住民4人が洪水被害に対する損害賠償を、スイスに本社を置くセメント会社に求める訴えを起こした。原告は、この企業が1950年以降に排出した70億トンのCO_2が、世界の産業が1750年以降に排出したCO_2の0.42％に相当するとして、被害額の0.42％の賠償を要求している。

　気候変動訴訟では、気候危機が生存権や私生活の権利、自由権、所有権を侵害するものであることが主張されている。気候危機を人権問題として捉えるべきことは、2015年のパリ協定でも強調されており、世界ではその認識が広ま

りつつある。生徒たちに、気候変動を一人ひとりの人権を脅かす問題として考えさせることで、事態の深刻さと解決の必要性を印象付けたい。

(3) 二つの「摸擬」訴訟

　日本政府を被告とするＡ、Ｂ二つの模擬訴訟を学習課題として設定する。
　Ａ. 日本政府は、世界で起きている気候変動被害について有罪である
　Ｂ. 日本政府は、温室効果ガス排出目標を引き上げるべきだ
　Ａは、特に気候変動の影響に対して脆弱な発展途上国における被害と産業革命以降多量の温室効果ガスを排出してきた先進国との関係を考えさせる題材。Ｂは、現在の日本の気候変動対策の是非と未来世代に対する責任を考えさせる題材である。二つの訴訟を通して、途上国と先進国の間での「共通だが差異ある責任」と未来世代への責任という「気候正義」の二つの大きな論点を取り上げることができる。

　もっとも、模擬訴訟Ａは実際の刑事裁判で争われることはないだろう。有罪か無罪かを問う刑事裁判が日本国外の被害について、しかも政府に対して起こされることはないからだ。そのため、架空の「世界検察」対日本政府弁護人という形式をとる。模擬訴訟Ｂは、日本の若者対日本政府弁護人で行うが、実際の気候変動訴訟では、原告適格性（そもそも原告が裁判所に訴える資格があるか）が大きな争点となる。しかし、この模擬訴訟では裁判形式や手続きの厳密さにはこだわらず、フィクションの裁判を仮定して、生徒たちに自由に気候危機とその対策自体について討論させたい。

2　情報の収集

　クラスを模擬訴訟Ａ世界検察チーム、模擬訴訟Ａ政府弁護人チーム、模擬訴訟Ｂ若者原告チーム、模擬訴訟Ｂ政府弁護人チームに分け、それぞれ裁判に向けて情報を集めさせる。片方の模擬訴訟を行う時にはもう片方の模擬訴訟を担当する生徒たちにジャッジ役をやらせ、訴訟に勝敗をつけることを予告して、生徒たちの学習意欲を引き出したい。

　模擬訴訟Ａでは、すでに世界で起きている気候危機による被害の実態、日本政府がこれまでに行ってきた気候変動対策などが調査対象となる。模擬訴訟

Bでは、日本の温室効果ガス排出目標をはじめとする現状の気候変動対策、現状の気候変動対策のもとでの気温上昇予想とそれがもたらすリスクの実態、日本がこれからとりうる気候変動対策などが調査対象となる。

　気候危機については、地球の温暖化自体を否定する懐疑論を含め不確かな情報も出回っており、情報収集にあたっては生徒たちに情報源が科学的で根拠あるものか注意を促したい。以下、生徒に勧めておきたい情報源を紹介する。

　・ＩＰＣＣ（気候変動に関する政府間パネル）

　世界195の国と地域が参加する政府間組織で、世界中の科学者の協力の下、各国政府の気候変動対策の基礎とすべき科学的な知見をまとめている。気候変動に関する最も重要な情報源として生徒に認知させたい。ＩＰＣＣの報告書自体を読み解くことは中高生には難しいが、インターネット記事などの情報がＩＰＣＣを根拠にしているかどうかに注意させるようにしたい。

　・環境ＮＧＯ

　ＷＷＦ（世界自然保護基金）やFoE Japan、Green Peaceなど、積極的に啓発活動に取り組む環境ＮＧＯのホームページも参考になる。

　・イベント・アトリビューション

　気候危機と具体的な被害の結びつきを調べるにあたっては、イベント・アトリビューションという研究手法も紹介しておきたい。個々の異常気象に人為的な気候変動がどれだけ影響したかを、コンピュータを用いた気候モデル実験によって示すものである。たとえば、2018年7月に日本で多くの死者を出した猛暑は、地球温暖化がなければ発生し得なかったと推定されている。

3　整理・分析

模擬訴訟ディベート

　調査が済んだら、模擬訴訟での生徒同士の討論を通じて理解を深めていく。実際の裁判形式の模倣は難しいので、ディベートの形式で討論するのが簡便である。原告側立論→被告側立論→被告側質問（アタック）→原告側質問（アタック）→原告側回答（ディフェンス）→被告側回答（ディフェンス）→原告側最終弁論（要約）→被告側最終弁論（要約）という流れで討論を行う。適宜、審判役生徒からの質問時間を交えてもいいだろう。また、立論と質問を第1回公判、回答

と要約を第2回公判として日を改めて行い、公判のあいだに相手の主張を受けて追加の調査を行わせるのもよい。

　以下、A、Bそれぞれの模擬訴訟で想定される立論例を要点で示す。

模擬訴訟A. 日本政府は、世界で起きている気候変動被害について有罪である
国際検察チーム　立論

> 　気候変動はすでに世界各地で異常気象を引き起こし、多大な被害を引き起こしている。日本は、世界人口の1.6%ほどしか占めていないのに、産業革命以降世界が排出した温室効果ガスのうち、3.8%を日本が排出してきた（Our World in Data）。

日本政府弁護人チーム　立論

> 　日本は気候変動枠組条約の採択直後に条約を批准し、国際的な対策の枠組みのもと気候変動対策に取り組んできた。日本の温室効果ガス排出量は2013年度をピークに、それ以降減少している。また、日本は気候変動の緩和と適応のために発展途上国への支援を行ってきた。

模擬訴訟B. 日本政府は、温室効果ガス排出目標を引き上げるべきだ
若者原告チーム　立論

> 　現在日本政府はパリ協定に基づくNDC（国で決定する貢献）として温室効果ガスを2030年度に2013年度比で46％削減する目標を掲げている。しかし、日本を含むパリ協定締約国の現在のNDCを統合すると、21世紀までに2.5度程度の気温上昇が見込まれる（NDC統合報告書）。気温上昇が1.5度を超える場合には超えない場合に比べて、より深刻なリスクが予測される。

日本政府弁護人チーム　立論

> 2021年に表明された日本政府の温室効果ガス削減目標は、それ以前に掲げられていた目標を大きく上回る野心的なものである。現在の削減目標では気温上昇を1.5度未満に抑えることは難しいとしても、将来の技術開発によって削減を加速させていくことが期待できる。

　以上は、あくまで要約である。生徒には、より多くの具体例や数値をあげて立論させたい。

4　まとめ

　模擬訴訟ディベートが終わったら、改めて自分たちの議論を振り返らせ、論点をまとめる作業をさせたい。生徒それぞれにまとめのレポートを作成させる手法と、グループで模造紙に議論をまとめさせる手法が考えられる。

　生徒それぞれにレポートをまとめさせる場合には、模擬訴訟ディベートの判決文として書かせるといいだろう。原告側、被告側の意見をそれぞれしっかりと要約させたうえで、ジャッジとしての意見を書かせたい。

　グループで模造紙に議論をまとめさせる場合には、校内に掲示して学習成果を第三者に伝え、気候危機についての理解を広げることを意識させたい。模擬訴訟ディベートの議論を振り返りながら、原告側、被告側のそれぞれの主張の対立点や流れを、矢印などを用いながらわかりやすくまとめさせたい。

5　アクション

　模擬訴訟ディベートを通して、気候危機に対する行動意欲が高まった生徒にはアクションを勧めたい。Fridays For Future の取り組みをはじめとして、環境ＮＧＯなどの活動を生徒に紹介しつつ、校内のサークルや生徒会でアクションを起こさせるのもよいだろう。学校名または生徒会名で気候非常事態宣言を発令する運動を起こさせ、気候非常事態宣言に基づく学校としての気候変動対策をまとめさせるのはどうだろうか。学校で使っている電力を再生可能エネルギー由来のものに代えさせたり、スクールバスを使っている学校であれば、スクールバスをより環境負荷の小さいものにすることを求めたりするアクションも考えられる。

【文献・資料】
国際環境NGO FoE Japan編『気候変動から世界をまもる30の方法』合同出版、2021年

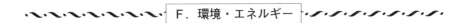

F. 環境・エネルギー

14　再生可能エネルギー──学び・考え・提案する

山田 一貴

　埼玉県の再生可能エネルギー自給率は全国42位。たったの7.86％である。

　第14章では、埼玉県の再生可能エネルギーを大幅に増やす方法を探究する高2「地理B」の授業を取り上げ、生徒がいかなる学びを通して、その方法を考案していったのか、その学びのプロセスを分析的に紹介したい。

1　課題の設定

　気候変動対策やエネルギー自給率の向上のため再生可能エネルギーの拡大は急務である。東日本大震災以降導入の促進策などがとられているが、2030年に向けて、よりその導入を加速する必要があるだろう。そのため本稿では生徒が再生可能エネルギー拡大の方策を考える実践を紹介する。

　千葉大学倉阪研究室、認定ＮＰＯ法人環境エネルギー政策研究所の『永続地帯2020年度版報告書』によると埼玉県の再生可能エネルギー自給率は7.86％で全国第42位である。この報告書を抜粋したものを生徒に提示しながら、この

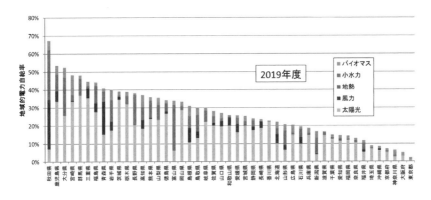

現状についてどのように考えるかを生徒に考えさせる。「埼玉県の自給率がなぜ低いのか」や「順位の高い都道府県はどんなところなのか、どのような理由で高い状況にあるのか」などの疑問の声が聞かれるとよいだろう。そのような声をもとにしながら、埼玉県の再生可能エネルギーを増やすにはどのような方策が考えられるかをグループで考えてみようと提案する。そして、まず個人でこの問いに対する解答を考えさせる。太陽光パネルをたくさん設置する、小水力発電所を設置する、風力発電を設置するなどの意見が出てくるだろう。しかし、その意見には具体性が乏しいものが多い。できるだけ具体的な提案ができるようにこの後の授業の中で調査や検討をグループで行っていくことをここでは確認したい。

2　情報の収集

　まず生徒に自由に調査を行わせる前にこちらからいくつかの資料を提示する。資料としては以下のようなものを用意するとよいだろう。埼玉県と地域を限定したからこそ、地理的な特徴を踏まえた上で検討することが重要である。特に再生可能エネルギーは日照時間や風などの地理的な条件によって向いている発電方法が異なる。埼玉県の気候条件や自然環境を理解できる資料がまず必要であろう。また、国内や海外の先進的な取り組みは新たな方策を検討するうえでは有益である。高校生の発達段階であれば、現実的な提案を期待したい。そのためには先進的な例を示すことも必要である。

　ただ、複数の資料を丁寧に見ると自由に情報収集を行う時間がなくなってしまうため、知識構成型ジグソー法の手法を応用して、グループのメンバーそれぞれに異なった資料を提示し、お互いに見た資料について紹介し合うことで、時間短縮を図るとともに、情報収集した資料のポイントを整理して相手に伝える練習とする。

　資料は、①埼玉県の地理的特徴からどの再エネを導入することが得策であるか、②再エネの導入が地域の協働によって進んでいる長野県飯田市のケース、③海外で導入が進んでいるドイツのザーベック町のケース、の3つを用意する。それぞれの資料からは、①日照時間が日本一であることから太陽光発電の導入を進めるべきことや森林資源や廃棄物を活用したバイオマス発電が埼玉県では

導入が推奨されていること、②太陽光発電の設置を進めるには補助金などのシステムの導入が鍵であること、③地域住民に対する啓発などを行うことが大切であることなどが読み取れるようになっている。

　そして、それらの資料から基本情報を得た上で、課題の解決策を提案するた

めに追加で必要な情報を列挙してインターネット等を使い、調べる。

3 整理・分析

　前述のこちらが用意した資料の読み取りを通して、最初の資料の整理や分析が行われていく。実際に再生可能エネルギーの導入を進めていくためにはどのような発電方法を導入したほうがよいのか、それはなぜなのか。そして、それを爆発的に導入するための方策や先行事例はどのようなものがあるのか、それらをこちらが用意した資料から検討が行えるはずである。

　ただ、資料の読み取りや各自の調査を進めていくとそれら一定の解決策に対しても疑念が湧いてくることも起きうる。例えば、太陽光発電の導入を進めようと思っていて太陽光発電について調べていると、発電効率が他の発電方法よりも優れていないことや曇天時には活用できないことなどの気づきを得る。その弱点はどのように向き合ったらよいか。それらを克服するためには、さらにどのような方策を講じればよいか。複眼的な思考で検討をできるようにしたい。そのような検討ができるとバイオマスも積極的に活用すべきであるとか、小水力発電も活用できないかなどの発想が生まれてくる。

　これらの気づきを得るためには、教師が提示した以外の様々な資料にあたるとともに、オリジナリティのある提案をつくるために丁寧な検討を重ねることを繰り返し強調することが大切であろう。例えば、こちらが用意した資料からは太陽光発電の弱点は浮かび上がりづらい。生徒たちが調べることで太陽光発電が万能ではないことなどに気付く。教師側が提示した資料も批判的にとらえ、提案へつなげさせたい。埼玉県が出している資料を単純に読み取るだけでは、同じような提案が並ぶだけである。同じ問いにそれぞれのグループが取り組んでいるからこそ、これまでの学びなども生かしながらオリジナリティのある提案を期待したいものである。また、自分たちのつくった提案を批判的に見直させることも大切であろう。この提案に欠点はないだろうか。その視点で再度自分の提案を検討させ、欠点があるのであれば、どのように補ったらよいのか、さらなる調査や整理、分析を促したい。そのためには、作業を行っている生徒に欠けている視点などを教師から声掛けすることなどが求められるだろう。

4　まとめ

　前述の整理や分析をより丁寧に行うことができるようにまとめの方法については K P（紙芝居プレゼンテーション）法を用いる。K P法とは、紙芝居をつくる要領で10～15程度の紙にキーワードを短く書き、2～4分程度で発表をする手法で、日本環境教育フォーラム理事長の川嶋直氏によって考案された。まとめの資料作成の時間短縮という点も大きいが、K P法では、紙芝居に膨大な情報を盛り込むことはできないため、自ずと思考が整理されていき、提案が精錬される効果が見込める。また、パワーポイントのような自由度の高いツールを生徒が手にすると、生徒は内容の深化よりも、スライドのデザインなどの見た目にこだわりを見せる傾向がある。調べたことをただ列挙するのではなく、自分たちの言葉で置き換え、それを踏まえてより具体的な提案にすることを生徒たちには求めたい。紙芝居には、こちらが与えた資料から読み取った内容についての紹介は最小限にとどめ、爆発的に増やす方策を語ることに時間を割くことも求めたい。方策を語るうえでは、5 W 1 Hを意識して、いつまで(10年後、30年後)、どの地域において(埼玉県全域、北部地域)、誰が(住民が、行政が)、どのような方法で、なにを行うのか、そしてそれはなぜ有効であるのか、なぜ必要であるのかに触れるようにするとよいということも伝えたい。

　そして、作成した紙芝居を用いてグループごとに発表を行う。各グループ5分程度で発表を行わせる。あるグループは爆発的に普及させたいからこそ、段階を踏むことが重要であると指摘し、以下の①～④の手順を提案した。①エネルギー問題から埼玉県民を守る会を設立し、再生可能エネルギー普及を進める団体を設立する。②ごみを活用した高効率のバイオマス発電を都市部にまず導入する。③太陽光発電よりも効率的なため、秩父地域に小水力発電を設置する。④バイオマス、小水力の高効率の発電で売電収入を確保し、その資金を元に、太陽光発電の補助事業を行う。多少荒い部分もあるがそれぞれの発電方式の長短や埼玉県の地理的な特徴を踏まえた提案であると言える。

　そして、各グループからの報告の後には、報告なども踏まえて個人でレポートを作成させる。

5　アクション

　前述した個人で作成したレポートを県議会などに請願などしてもよいだろう。また、埼玉県には埼玉自然エネルギー協会という再生可能エネルギーの活用・普及をめざし成立されたＮＰＯ法人も存在する。こういった団体に生徒の発表を見に来てもらってコメントをもらうことや提案を送付することも具体的なアクションとして考えられるだろう。

6　評価

　まとめの部分の最後に書いたレポートをもとに生徒の学びの状況を見取ることが可能であろう。また、本テーマに取り組む前に再生可能エネルギーを増やす方策を書き出し、最後のレポートと比較することで、この学習での変化を見取ることも可能である。時間に余裕があれば、グループでの提案をつくる場面においてそれぞれの生徒がどのような役割を果たしたのか、生徒相互で振り返り、相互評価としてもよいだろう。

【文献・資料】
千葉大学倉阪研究室・認定ＮＰＯ法人環境エネルギー政策研究所『永続地帯2020年度版報告書』
教育環境デザイン研究所『知識構成型ジグソー法』（https://ni-coref.or.jp/archives/5515）（2023年2月16日閲覧）
『再生可能エネルギー導入拡大のための報告書』（埼玉県、2012年3月）（現在はリンク切れ）
『地域レベルでのエネルギー転換に関する日独比較』https://www.students.keio.ac.jp/hy/law/class/registration/files/schart_hayashida.pdf
川嶋直・皆川雅樹『アクティブラーニングに導くＫＰ法実践──教室で活用できる紙芝居プレゼンテーション法』みくに出版、2016年

15　核軍縮——核軍縮を呼びかける手紙

飯島 裕希

　ロシアのウクライナ侵攻により、核兵器が使用されるリスクの高まりが指摘されている。第15章では、高校「倫理」の学習の総括として、先哲の言葉を手掛かりに人間性とは何かを探究し、現状を反省的に見つめ直す問いを考え、核軍縮を呼びかける手紙という形で発信する活動を紹介する。

1　課題の設定——核軍縮に向けて、誰に何を呼びかけるか

(1)　本課題に取り組むきっかけ

　2022年2月、ロシア軍がウクライナに侵攻した。紛争が長期化する中で、ロシアのプーチン大統領は核兵器の使用を示唆する発言を複数回行った。8月には核兵器不拡散条約（ＮＰＴ）の再検討会議がロシアの反対によって決裂し、合意文書を採択できないという出来事もあった。生徒は、核兵器が使用されるリスクの高まりを感じ取っており、ウクライナ侵攻や核軍縮について高い関心を持っていたが、紛争の終結が見通せない中で核軍縮の道筋を構想することの難しさを感じていた。

　高校3年生を対象とする選択科目「倫理」において、大項目「現代の諸課題と倫理」において学びたいことをアンケート調査したところ、生命倫理や環境倫理に加えて、「戦争と倫理」、「兵士と民間人の命の重みに差はあるか」、「戦争において一方のみを援助することは許されるか」、「紛争の早期終結という目的で核兵器を使用することは許されるか」といったテーマや問いが出された。これらの問題意識を包摂する探究課題として、「ウクライナ侵攻により核兵器が使用されるリスクが高まった今、核軍縮に向けて、誰に何を呼びかけるか」という課題を教員が設定し、取り組むこととした。

(2) 探究の計画

　高校3年生の限られた時間で探究学習を進めるために、授業内に情報収集の時間を確保した全8時間の計画を教員がたてた。第1時から第4時は教員が課題を提起し、グループで討議して視野を広げた。第5時から第8時は、生徒が情報を収集し、先哲の思想と関連づけた上で、手紙という表現活動に結実させた。探究活動を通じて倫理分野の概念や理論を習得することと、手紙を書くことで他者を揺さぶる問いを考えることを主なねらいとした。概要は次の表のとおりであり、次節以降では第4時展開2から第8時に焦点を当てて紹介する。

第1時　問題提起
展開1　核軍縮を呼びかけた「ラッセル＝アインシュタイン宣言」（1955年）を読み、印象に残った箇所と理由をまとめる。
展開2　朝永振一郎氏の「パグウォッシュ会議の歴史」と「物質科学にひそむ原罪」の抜粋を読み、キリスト教の原罪思想を復習しつつ、「ラッセル＝アインシュタイン宣言」との結びつきをグループで討議する。
発題　「ウクライナ侵攻により核兵器が使用されるリスクが高まった今、核軍縮に向けて、誰に何を呼びかけるか」という探究課題を提起する。

第2時　視野を広げる①　〜科学者の社会的責任〜
展開1　核兵器や原子力発電に対して科学者はどのような責任を負うか、藤垣裕子氏の『科学者の社会的責任』を手掛かりに、グループで討議する。
展開2　科学技術を受容する市民の責任について、ハーバーマスの公共空間論などをふまえて、グループで討議する。

第3時　視野を広げる②　〜核軍縮の人道的アプローチ〜
展開1　核兵器禁止条約（TPNW）の内容と制定過程を「政治・経済」の資料集などを用いて確認し、NGOとそれに呼応した国家の動きを知る。
展開2　ICAN（核兵器廃絶国際キャンペーン）のフィン事務局長のスピーチを読み、人道的アプローチの論理や有効性をグループで討議する。

第4時　視野を広げる③　〜2022年の核軍縮交渉〜
展開1　笹川平和財団「核不拡散条約（NPT）再検討会議報告会」の冒頭を視聴し、2022年8月のNPT再検討会議の交渉過程を把握する。
展開2　自分がどのような情報を収集したいか見通しを持たせる。

第5時・第6時　情報収集・整理分析
展開1　インターネットや各自が用意した書籍を用いて、情報を収集する。
展開2　各自が集めた情報を整理し、グループで共有する。

第7時　既習事項と結びつける
展開1　収集した情報や先哲の言葉をふまえて、核抑止論や核軍縮の人道的アプローチが想定する人間観について、グループで討議する。
展開2　"Remember your humanity, and forget the rest." という「ラッセル＝アインシュタイン宣言」の呼びかけに対し、先哲の言葉を想起して、「人間性（humanity）」をどのように捉えるか自分の言葉でまとめる。

第8時　表現　〜核軍縮を呼びかける手紙〜
今、あなたが核軍縮を呼びかけたい相手に向けて、手紙を書く。

2　情報の収集

(1)　どのような情報を収集するか見通しを立てる

　第4時の後半の時間を使って、第8時に核軍縮をよびかける手紙を書くことを生徒に伝えた上で、どのような情報を収集したいか見通しを立てさせた。

　2022年は核兵器に関して様々な出来事があった。核兵器の使用や拡散のリスクを高める動きとしては、ロシアのウクライナ侵攻やＮＰＴ再検討会議の決裂の他に、朝鮮民主主義人民共和国がミサイル発射実験を繰り返し、7回目の核実験の実施を示唆したことなどがあげられる。一方、核軍縮につながる動きとしては、1月の「五大核保有国指導者の共同声明」の発表、核物質防護条約改正第1回締約国会議やＴＰＮＷ第1回締約国会議での成果文書採択、2023年G7サミットの広島開催決定などをあげることができる。

　危機の高まりに着目することもできるし、厳しい国際情勢において危機を緩和しようとする動きがあったことに着目することもできるが、何に焦点を当てることが核軍縮に有効だろうか。また、そのプロセスを前進させるために鍵を握るのは誰だろうか。生徒は見通しを立てて、情報収集へと進んだ。

(2)　情報の収集方法

　第5時・第6時では、インターネットおよび学校図書館を活用して情報を収集した。信頼できる情報か、どうすれば信頼性を確かめられるか、当事者に近い情報を入手できているか、といった声掛けを適宜行った。生徒が参照した情報源や、教員が紹介した情報源を例示する。

- ・プーチン大統領が核兵器を使用する可能性や、日本の核軍縮政策に関心をもつ生徒が多く、ニュースサイトや日本国外務省ホームページを参照していた。
- ・第二次世界大戦において核兵器を使用したことに関するアメリカ国民の認識を調べていた生徒は、次の著作を見つけてきた。

『世界は広島をどう理解しているか──原爆七五年の五五か国・地域の報道』井上泰浩(編著)、中央公論新社、2021年

- ・TPNW第1回締約国会議やNPT再検討会議における各国大使の発言が知りたいという生徒には、実際に会議を傍聴した団体のレポートを探すよう

アドバイスした。教員が例として示したのは以下の2つである。

核兵器廃絶日本ＮＧＯ連絡会「ウィーン・レポート」および「ＮＰＴレポート」
https://nuclearabolitionjpn.wordpress.com/ （2022/12/20閲覧）
長崎大学核兵器廃絶研究センター「RECNA NPT Blog 2022」
https://recnanpt2022.wordpress.com/ （2022/12/20閲覧）

3　整理・分析

(1)　グループで探究する

　一般に、社会の秩序は人々が共有する通念を反映して歴史的に形成されてきたものであり、それを変更していくには人の意識に働きかけることが重要だ。実社会の動向について反射的に手紙を書くのではなく、先哲の言葉を手掛かりに人間の理解を深めることで、読者に自省を促す力をもつ言葉を探らせたい。

　そこで、第7時では、より根源に迫る核軍縮の呼びかけを考えるべく、倫理で学んできた先哲の言葉を振り返る活動を行った。具体的には、核抑止論や人道的アプローチの論理、被爆証言を続けるサーロー節子さんの思いなどの資料を読み、それらの考え方の背後にはどのような人間観があるかグループで探究した。次の表は、授業で用いた資料プリント（配付時は中央と右の列が空欄）に、生徒が意見を出しあって記入したものの一部である。それぞれの考え方は、異なる人間観を前提として成り立っていることに生徒は気づいた。

考え方	背後にある人間観 （生徒の読み取り）	生徒の共感や批判
①核抑止の基本とは、敵とみなす相手に対し、受け入れがたい破壊や結末をもたらすという説得力のある威嚇を行うことによって、両者の側において自制的、合意的な行動が導かれることである。こうした脅威が説得力を持つためには、さまざまな核攻撃や報復攻撃を遂行できる能力が保有核兵器において維持されなければならない。 （2016年2月国連作業部会文書A/AC.286/WP.4）	・人は傷つきたくない。 ・最悪の場合を想定し、それを回避する合理的思考を持つ。 ・攻撃をされたら、恨みにより報復攻撃をする。 ・相手より自分の力が下回っている場合、けんかはふっかけない。 ・「万人の闘争」を避けるには抑止力が必要。	・共感する。人間は合理的に動く生き物であるから、状況に応じて最適と思われる行動をとる。 ・抑制し合えているうちはいいが、突然ある国が核兵器を使用して世界大戦になだれこむ恐れがある。 ・そもそも別の力で国を守ることはできないか。 ・人間は協調性や社会性も持ち合わせている生き物だから、威嚇や兵力をちらつかせて安寧をつくりあげることに疑問が残る。

| ②すべての者にとって受容できないものであり不道徳であると宣言することによって核兵器に悪の烙印を押すことにより、国際社会は核武装国およびそれらの軍事同盟国に対して、核兵器のない世界という彼らがすでに実際に約束したことを実行するよう要求し圧力をかけ始めることができる。（ベアトリス・フィンICAN事務局長インタビュー） | ・人は悪になりたくないから、悪の烙印を押された核兵器は使わない。
・人は孤立を避けようとするものではないか。
・人には「惻隠の情」や「憐みの心」が備わっているから、不道徳に訴えることで核廃絶できる。 | ・支持したいが、人間誰しも道徳的に素直な人物とは限らない。
・核廃絶すべきと思っている人がかなりの多数派で、その人たちが一致団結して行動を起こさない限り、核保有国に圧力をかけることは難しい。
・悪がどんな人にも悪であるとは必ずしも言えない。
・技術と知識がある限り、秘密裏に製造することを止めることはできないのでは。 |

（2）「ラッセル＝アインシュタイン宣言」の呼びかけを受け止める

　次に、「ラッセル＝アインシュタイン宣言」にある「あなたが人間であること、それだけを心に留めて、他のことは忘れてください（Remember your humanity, and forget the rest.）」という呼びかけを読み、「人間性（humanity）」とは何かを個人で探究した。この宣言は、イギリスの哲学者バートランド・ラッセルが起草し、アインシュタインらと核軍縮を呼びかけたもので、科学者が核廃絶を中心とする科学と社会の諸問題を討議するパグウォッシュ会議の開催へとつながったものである。倫理の学習を総括するとともに、手紙を送る相手が人間であることを改めて意識する意義があった。3人の生徒の考えを紹介する。

| 「人にしてもらいたいと思うことは何でも、あなたがたも人にしなさい」というイエスの言葉や、「己の欲せざるところは人に施すことなかれ」という孔子の言葉から、人間性とは、他者と自分をある意味で同一視し、自分事として考えられることだと思う。 | 和辻哲郎が述べたように、人間は個人でありながら社会と関わる存在でもある。個人が自分の望みを叶えることに躍起になって社会が成り立たなくならないように、地球という1つの大きなまとまりの一員としての視点を忘れないことが大切だと考えた。 | そもそも「人間性」というものがあるのか、疑問に思う。ロックが白紙説を説いたように、善や人間らしさという観念も経験によって形成されるのではないか。人間の原点に立ち返ることは、単純に人間の善性を信じることではないと思う。 |

4　まとめ──核軍縮を呼びかける手紙

（1）手紙という表現活動

　第8時では、収集した情報と人間観の深まりをふまえて、核軍縮を呼びかける手紙をしたためた。あなたが最も声を届けたい相手は誰だろうか。個人を特

定しきれない生徒もいるので、国民やひろく人類に向けたメッセージでも構わないと伝えた。また、レターセットを用意し、希望者の手紙は推敲した上で実際に送ると伝えて、生徒の意欲を高めた。

ロシア国民に「戦争を支持しているのか」と問いかける手紙、日本の外務官僚に「核の傘」に入ったまま核軍縮を進めることは矛盾しないか問う手紙、アメリカ国民に被爆の実態を直視するよう訴える手紙、科学者に対して善とは何かを問いかける手紙、人類に対話を呼びかける手紙などを生徒は構想した。

探究学習において、生徒が問いを立てることは重要なプロセスである。この実践は、はじめに生徒が問いを立てて探究を進めるものではないが、様々な資料をグループ討議などで探究的に学んだ後に、手紙を書くことを通じて人の通念を揺さぶる問いを立て、発信することをゴールとして取り組むものとなった。

なお、手紙を書き上げるのに授業時間だけでは足りず、成果物としては構想メモや下書きを集めるにとどまった。希望者のみ便箋を持ち帰って、手紙の清書に取り組んだことを付記する。

(2) 評価

第1時と第7時の生徒の考察を比較し、「ラッセル＝アインシュタイン宣言」についての理解の深まりを把握する。情報収集については、複数の情報源から異なる立場の情報を集められたかを評価する。手紙については、先哲の言葉を自分なりに吸収して問いかけを考えられたかといった点を評価し、文章の巧拙は評価しない。

【文献・資料】
日本パグウォッシュ会議「ラッセル＝アインシュタイン宣言（新和訳）」、2021年
　https://www.pugwashjapan.jp/russell-einstein-manifesto-jpn
黒澤満「核兵器廃絶へのアプローチ」『大阪女学院大学紀要』15巻、2019年
朝永振一郎著・江沢洋編『プロメテウスの火』みすず書房、2012年
藤垣裕子『科学者の社会的責任』岩波書店、2018年

〜〜〜〜〜〜〜〜〜〜　G.　平和　〜〜〜〜〜〜〜〜〜〜〜〜〜

16　日米安保と沖縄——安全保障のあり方の探究へ

和井田 祐司

　在日米軍の根拠は日米安保条約にある。沖縄県に在日米軍基地の約70%が集中し、米兵による犯罪・条例違反・環境破壊は経年的課題である。問題や背景を理解したうえで、安全保障の類型を整理し、今後の安全保障の在り方を考える。米軍基地—日米安保条約—安全保障政策を貫く学習展開が鍵になる。

1　課題の設定

　2016年12月13日、沖縄県名護市沿岸に米海兵隊の輸送機オスプレイが墜落・大破した。現場付近には、勤務校の沖縄修学旅行宿泊地がある。この時のニュース画像を見せ、「過去、米軍機墜落事件が沖縄で発生したことを聞いたことがある人」と問うと多くの生徒が手をあげる。関連して校庭へのヘリ部品落下（2017）や、米兵によるひき逃げ、強姦事件等、既有知識を語る生徒もいる。

　「なぜこうした事件が沖縄で繰り返し発生するのだろう」と問えば、生徒は「米軍基地が沖縄にあるから」と答える。在沖米軍基地の配置図を見せ、国土面積の0.6%である沖縄県に在日米軍基地の約70%が集中する事実を示す。

　「もしも戦争になると、真っ先に攻撃対象になるのはどこだろう」と問うと、生徒たちは初めて気づいた表情で「基地」と答える。「では攻撃されるリスクもあり、多くの事件の背景にもなっている米軍基地は日本にない方が良いか」と尋ねると、「北朝鮮、ロシア、中国を考えると米軍基地がある方が良い」という。

　多少の問答でこうした葛藤が生じるように、安全保障論に絶対的な「正解」はない。他方で生徒たちは、米軍基地は日本国内にあるものだ、という前提のうえで生活している。特に昨今の報道は、安全保障を軍事力の拡充という文脈で人びとに伝えがちである。与件を問うのは学問の基本姿勢であり、探究的資質

として重要である。基地のリスクや、米軍基地に依らない安全保障の選択肢の検討もしつつ、安全保障政策や基地問題の展望を考えることが大切である。

　こうした対話ののちに、「米軍基地を切り口に、望ましい安全保障の在り方をさぐる」というテーマを提示する。

2　情報の収集

(1)　在沖米軍基地に由来する事件・事故（グループで調べる）

　タブレットや図書を使用し、グループで在日米兵(軍属含む)による事件や米軍基地に由来する事件・事故を調べる。その際＜墜落・ひき逃げ・暴行・騒音・環境汚染＞の項目で、調べた内容をリストアップする。宮森小学校ジェット機墜落事件(1959)や、米兵3人による少女強姦事件(1995)等、生徒たちは衝撃的な事件に出会う。では、こうした事件を起こした米兵・軍属のその後はどうなるのか。調べ学習の中で生徒たちは、「基地内に逃げ込んでしまうと、沖縄県警による捜査が困難」「アメリカ側に身柄が引き取られてしまい、日本の司法でさばけない」現実に気づく。日米地位協定をここで紹介する。基地問題の実例にふれ、地位協定による治外法権状態を知り、生徒たちの憤りが高まる。

　だが改めて「米軍基地はない方が良いか」と聞くと、「沖縄の人には気の毒だけど、あった方が私は安心」「アメリカの立場の方が日本政府より上と感じるから、なくすのは無理だと思う」との声。この反応は、のちの授業に引き取る。

(2)　日米安保条約を読む（グループで読み合わせる）

　在日米軍基地の根拠は、日米安全保障条約である。グループで条文を読み、気づきを述べ合い、第4・5・6・10条に関しては、ワークシートにわかりやすい言葉でまとめ、発表する。それを踏まえて教員は若干の説明を加える。

　条文読解が生徒たちにもたらす第一の発見は、「極東」概念である。極東の範囲を教科書から探る。在日米軍基地を活用した軍事行動である場合、論理的にはイラクも「極東」となる。実際、沖縄に主に配置されているのは、「殴り込み部隊」とも称される、外征専用部隊「海兵隊」である。第二の意外性は、10条である。一方による条約終了の意思通告で一年後に安保条約は失効する。つまり条約上、「米軍基地をなくす」のは可能である。

　なお、日米安保条約締結時、沖縄は日本国ではない。日本復帰以降、本土の在日米軍基地が沖縄に移設されていったが、それらは沖縄県民の意思ではない。約70％の在日米軍基地が沖縄に集中する状況は、沖縄の人びとの意思を埒外において実行されたのである。この点も、補足説明として触れておきたい。

3　整理・分析

(1)　世論調査をもとに、「米軍基地本土引き取り論」を考える

　ＮＨＫによる世論調査（調査1 = 2022、調査2 = 2017）より、いくつかの結果を抽出し、沖縄および本土の人びとの意識や、政治選択上の責任を考える。

> ①「日米安保条約は日本の安全に役立っているか」の問いに対し、日本国民の82％が「役立っている」と回答した（調査1）。
> ②沖縄県民の82％が在沖米軍関連の事件・事故に巻き込まれる危険性を感じている（女性85％、男性79％）（調査1）。
> ③「沖縄の米軍基地をどうすべきか」の問いに対し、沖縄県民の63％が「本土並みに少なくすべきだ」、16％が「全面撤去すべきだ」とし、合わせて79％の人々が基地の整理・縮小の方向性を希望している（調査1）。
> ④米軍基地をめぐる沖縄の扱いについて、沖縄県民の70％は「差別的だ」と答えている（調査2）。

　国民の8割が在日米軍基地を是認する。基地が集中する沖縄県民の8割は事件・事故の危機感からその整理・縮小を望んでいる。大多数の沖縄県民が「基地の過集中は沖縄への差別だ」と訴えている。それを確認し、次の問いである。

> 問1：あなたは、米軍基地が日本にあって良いと考えますか？
> ……（YES→問2へ／NO→あなたの立場＝【A】）
> 問2：基地集中により沖縄の人びとは苦しんでいます。では「大阪でも米軍基地を受け入れ沖縄の負担を減らそう」という提案をあなたは了承しますか？
> ……（Yes→あなたの立場＝【B】／NO→あなたの立場＝【C】）

　ワークシート記入後、自身と違う立場の人を探して意見交流・討論する活動
時間をとる。バズセッション形式の討論である。個々の議論が徐々に輪をなし、
各立場からの弁論大会のようになる。各立場の数を確認すると【B】＋【C】で7
〜8割。世論調査結果に近い。ただし【B】は少数である。

　整理するならば、米軍基地を是認する立場(【B】・【C】)であれば、「沖縄に
過大な負担を押し付けるのは倫理上／国防上妥当か」という議論になる。沖縄
県民は「この状況は差別的だ」と訴えるが、それでも沖縄への基地集中が解消さ
れないのは、有権者の圧倒的多数を占める本土に暮らす人びとが、「米軍基地
は国内に置きたい、しかし近くには来てほしくない」と考えているからである。

　米軍基地反対の立場(【A】)をとるのであれば、安保条約第10条による条約
解消を掲げる政府の樹立を目指した政治選択が、当面の行動の方向性になる。

　バズセッション後、沖縄の大学生・玉城愛さんのスピーチを紹介する。

　安倍晋三さん。日本本土にお住いのみなさん。今回の事件の「第二の加害者」
は、あなたたちです。しっかり、沖縄に向き合っていただけませんか。いつま
で私たち沖縄県民は、ばかにされるのでしょうか。パトカーを増やして護身術
を学べば、私たちの命は安全になるのか。ばかにしないでください。

　　　　　　　　　　　　　　　　　　　(「琉球新報」2016年6月20日掲載)

　このスピーチは、米軍軍属による強姦殺人事件に抗議する沖縄県民大会
(2016)で語られたものである。彼女は、日本国民の加害性を指摘している。こ
うした声を受け止めたうえでの政治選択が主権者・有権者に問われるのである。

(2) 特徴的な安全保障政策を参照しつつ、日米安保を位置付ける

　「GLOBAL FIRE POWER 2023」によれば、日本の自衛隊は世界8位の軍事
力を有する。加えて世界1位の軍事力をもつアメリカと、日米安保条約を結ん
でいる。つまり、二国間同盟としては世界最大の[武装・軍事同盟]による安全
保障政策をとっているのである。他方、生徒が「脅威」と感じるロシア・中国・
北朝鮮の側から見れば、この体制はどのように映るのだろうか。近隣諸国から
はこの軍事同盟もまた「脅威」と映り、結果として「防衛」のための軍拡を促す可
能性が生じる。「安全保障のディレンマ」である。ところで、安全保障の在り方

は、[武装・軍事同盟]の形式に限らない。特徴的事例として、コスタリカとスイスを紹介する（時間に余裕があれば、生徒に調査させてもよい）。

　スイスは永世中立国のイメージが先行するが、同時に徹底した武装国家でもある。2020年度のスイス連邦全予算支出の8.5％が安全保障分野に支出されている。軍事的防衛に限定しても、全予算支出の6.8％を占める。スイスでは防衛の必要が生じれば随時国民が徴兵に応じる国民皆兵制を採る。常備軍はないが、男子全員が一定期間の兵役を課せられ、終了後も軍服や武器を家に持ち帰り、射撃練習や研修がある。政府作成のゲリラ戦マニュアル（『民間防衛』）も各家庭にあり、「有事には地下に潜ってラジオを聞こう」等、指示が具体的である。このように、スイスは典型的な[武装・中立]路線をとりつづけてきた。

　コスタリカは、世界有数の紛争地帯にありながら1948年に軍隊を廃止し、医療や教育にその予算を分配した。「兵士よりも多くの教師を」のスローガンが有名である。1983年に永世中立国を宣言。1987年の中米和平合意成立のリーダーシップをとる等、[非武装・中立]を安全保障政策とし、それにより地域の緊張緩和をすすめてきた。2014年には隣国ニカラグアによる領域侵犯も受けたが、国際司法裁判所に訴え、一発の銃弾も用いずに問題を解決した。大学生への調査では、9割が軍の撤廃を「良かった」と評価している。このように、コスタリカは典型的な[非武装・中立]の安全保障政策を維持し続けてきた。映画『コスタリカの奇跡』も一部用いながら、授業で紹介することが可能である。

4　まとめ

　学習を振り返りつつ、望ましい安全保障の在り方を考える。整理のために、安全保障の類型を次の領域で分けてみよう。例示するならば、Aは敗戦後〜現行の安保条約成立までの日本、Bは現在の日本、Cはスイス、Dはコスタリカ、が該当する。日本はどのエリアに存在するのが望ましいかを議論する。自由討論、グループワーク、バズセッション等、多様な活動形態が考えられる。

　ディスカッションののち、レポートを作成する。想定される論題は、「日本の安全保障の現在とこれから」。授業内容にできる限り触れながら、自身の考えを具体的に書くように指示する。本授業案の土台となる実践では、安全保障の4類型（A〜D）のいずれの領域に関しても、そのあり方が望ましいと考える

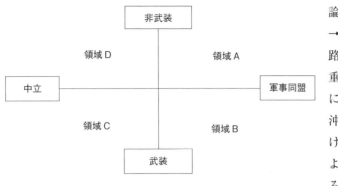

論者がいた。「B→A→Dという回路で、日米同盟は重視しつつも徐々に自衛隊を縮小し、沖縄にも注目し続けることで米兵による犯罪を抑止する。同時に外交努力を展開し、軍事（防衛）費は、社会保障や教育、医療といった方向に回していく」という意見や、「基地問題が深刻で、それを地元に引き受けたくない以上、安保条約解消を目指す。世界上位の戦力をもつ自衛隊を拡充し、武装・中立路線で、東アジアのスイスを目指す」という主張、「B路線の継続を希望するが、沖縄の負担に向き合うためにも、基地引き取り論を国民的な議論として展開し、実際に一部の基地機能は本土に移転する」等の意見表明がみられた。

5　評価

　レポートを通信や文集にして読みあい、紙上討論等を実施し、相互評価する活動が考えられる。成績評価に関しては、各活動への取り組み状況に加え、レポートにおいて、米軍基地問題の現状理解、日米安保条約への理解、今後の安全保障体制への展望が具体的に記述できているか、といった点を読み取る。

　なお、アクションをともなう発展学習として、形成された自身の見解や思いを新聞投書する等の方法が考えられる。また、日米安保と沖縄米軍基地に関して政党に質問し、回答をもとに政策評価をする、という活動も考えられる。

【文献・資料】
NHK放送文化研究所『放送研究と調査』「沖縄の人たちは、本土復帰をどう評価し、今の沖縄をどうみているのか」（2022年8月）・「沖縄米軍基地をめぐる意識　沖縄と全国」（2017年8月）　https://www.nhk.or.jp/bunken/book/monthly/backnumber.html
高橋哲哉『日米安保と沖縄基地論争——＜犠牲のシステム＞を問う』朝日新聞出版、2021年
マシュー・エディー、マイケル・ドレリング『コスタリカの奇跡——積極的平和国家のつくり方』[DVD]ビデオメーカー、2018年

G．平和

17　世界の紛争：教室から始まる世界平和 ——生徒を蚊帳の外に置いてはいけない

井田 佐恵子

戦争・紛争で今まさに多くの人が犠牲になり日常を奪われている様子に、生徒もさまざまなことを感じている。それを放置し無力感だけを抱かせることなく、教室を語り合う場として、学びとの接点を見出させたい。ウクライナ侵攻をきっかけに、2022年度１学期中学３年社会科（公民）の授業で、真正面から世界平和へのチャレンジと足元のアクションの両方を追求した。

1　課題の設定

⑴　本課題に取り組むきっかけ

ウクライナ侵攻は世界の前提を覆す出来事であった。生徒も多くの疑問、不安を抱えたが、それを日常で吐露しないのが彼らの流儀だ。そのうち思考停止に流れるのは大人も同じ。教室がその状況に目をつぶってしまえば、学ぶことは平和につながらないとの誤ったメッセージを与えかねない。覚悟を決め国際政治の単元に「世界平和」の大風呂敷を広げた探究を始めた。

☺ ウクライナ侵攻について語ろう ☹　この時間中に提出

① ウクライナ侵攻にまつわる報道等を見聞きして、わたしの気持ちは…

悲しい	励まされる	興奮している
怒っている	ホッとした	くやしい
わけがわからない		不安
かわいそう	おどろいた	役に立ちたい
どうにもできない	こわい	ありがたい

※自分の気持ちに最も近いものを３つ選んで○をつけよう。リストにない気持ちがあれば、真ん中の空欄に書いてください。

② その３つを選んだ理由やウクライナ侵攻について考えていること：

ロシア政府がウクライナ侵攻したことについて、ウクライナが勝手にしていることなどとか、ゼレンスキー大統領にきょう迫の文章を書いたりしているのに対し、ひどくいきどおりを覚えている。

③ わからないこと、もっと知りたいこと（知りたい順に３つまで）：

1. なぜ国連は何か行動を起こさないのか
2 日本はウクライナに対しどのようなことをしてあげられているのか。
3. 戦況を知りたい。

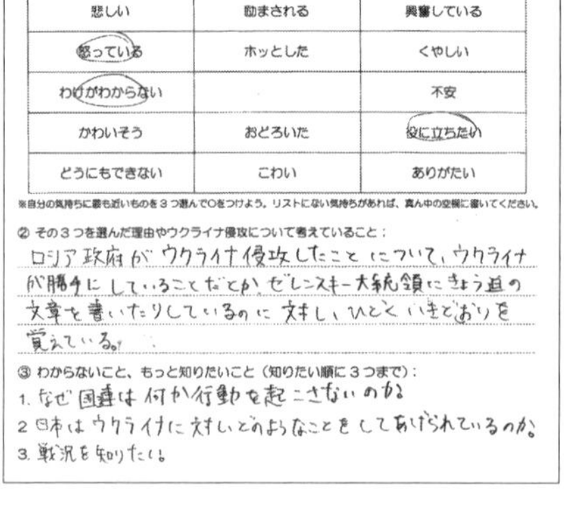

どう扱うか迷う話題こそ、生徒にそれぞれの想いを語り合ってもらう。開発教育協会のワークシート「わたしの気持ち」をアレンジしたもの（右図参

照）を用いて、個人で考えた内容をグループで発表した。このワークから始める最大の利点は、自分の気持ちを起点にすることで、その問題を自分事にでき、かつ最初から全員がコミットできることだ。気持ちに気づいたり言葉にすることが苦手でも、気持ちのない生徒はいない。このワークは共通のキーワードがあるため、自分の気持ちを見つめたり人とも共有しやすい。「自分は皆と比べ関心が薄いと思った」と書いた生徒は、「関心を持たないようにしているのかもしれない」という気づきを続けた。次第に生徒たちは自分を開き語り合うことの意義を感じ、その問題に疑問を持ちかつ関与できる「当事者」としての自分を見出していく。

(2) 問題意識から課題意識への転換

　同じシートで各自が疑問を複数あげ、グループで1つに絞る。どの疑問も貴重だが、絞ることでグループでの議論を促したい。班数分の疑問の中で特に多かった「戦争を防ぐ・終わらせるために、世界や私たちにできることは何か」「当事者（ロシア人、ウクライナ難民など）は何を考えているのか（それを知ることができるのか）」の2つをその後の追究課題とした。学習単元や時間の都合上、生徒に問いをあげてもらったものの課題設定は教員主導になったことは改善したい。採用できなかった問いもすべて提示し、各自の研究に委ねた。

2　情報の収集

　筆者の実践では、戦争違法化の歴史、国際平和機構・国際法の意義と限界、戦後政治史と国際関係、軍縮、難民問題については講義で内容を確認した。授業内でも「やっていい戦争とだめな戦争があるのか」「国連憲章の規定は？」「プーチン大統領は何を根拠に侵攻を正当化しているのか」「戦争犯罪はどうしたら裁けるのか」「核は持っている者勝ち？」といった疑問が多く寄せられた。

　生徒による情報収集として、特に現在起きている戦争・紛争に関しては本書第1部第3章でも紹介されているチーム＝アンソロジーを勧めたい。少し簡易にして、ウクライナ侵攻に関する記事・資料をひとり3本用意する。その際、その記事の主な情報源を下表に基づき確認する。グループでそれを共有し合った上でそこから皆に紹介したい記事・資料を2つ（数はグループ数などで検討）

に絞り、紹介したい理由を付し、それを全員で共有する。立派な資料集の出来上がりだ。同年代で難民となった子どもたち、同じ競技をしているスポーツ選手の召集など、生徒目線で選ばれた記事や紹介コメントで他生徒の関心も高まりやすい。また、複数の資料を扱うことで、戦争・紛争関連の報道では欠かせない、発信・情報源の違いを意識したメディアリテラシー学習にもつながる。

◇主な情報源（複数選択可）：国（＝　　　　　）政府機関・公人／国際機関（＝　　　　　）／市民グループ（＝　　　　　）／通信社（＝　　　　　）／記者の独自取材／個人（匿名or名前あり）／情報源不明／その他（＝　　　　　）

　著者の実践では、ウクライナ関連の報道で気になった「数」とそれと比較できる何かの数字を1つずつ持ち寄らせた。犠牲となった市民の数やウクライナ・ロシア双方の戦死者数の報道による違いなどについて情報源とともに検討した。また、過去の戦争の犠牲者やコロナによる死者数などさまざまな数値とウクライナ侵攻で避難を強いられ国境を越えた人の数などを比べることで、事態の重大性をより理解することができた。

● 「当事者」の立場を想像する

　情報源などによる冷静な分析も重要だが、当事者の立場でその問題を理解しようとするアプローチも、国際政治を自分事とするためには欠かせない。難民体験については教材化されたものもあり（【文献・資料】参照）、架空の状況設定であっても理解・疑問は深まる。筆者はドイツを目指すシリア難民家族の想定で作成した教材に、ウクライナから避難する人々の記事や報道写真を組み込み、グループによるロールプレイ学習を行った。以下はその感想である。

「祖母役で足手まといにならないか、いつか見捨てられるのではないかなど考えた」「難民からしたら、受け入れてくれない国を同じ人とは思えないだろうと思った。自分だったら耐えられない」「こんなにひどい現状があるのに、この授業を受けるまで少なからず見過ごしていたことに衝撃を受けた」

● 人に出会う

　生徒の「当事者（ロシア人、ウクライナ難民など）は何を考えているのか」という疑問が、ロールプレイを行ったことで「当事者のお話を直接聞きたい」という強い要望に転化した（以前も同様の反響があり、その時はミャンマー難民の方のお話を聞く機会を設けた。ロールプレイは学習意欲を向上させる）。残念な

がら直接あたれるロシア人のつてはなかったため、モスクワ在住（当時）の卒業生に、侵攻前・後のロシアの様子、ロシア国内の報道やＳＮＳの状況などについて語ってもらうオンライン講座を実施した。その後、ウクライナ国境周辺でボランティア活動を行った卒業生と、同じ大学に通うウクライナ人留学生とつながることができ、11月にボランティア活動の様子やポーランドに避難したご家族の侵攻当日やその後の状況について報告いただいた。筆者は縁に恵まれたが、高校生であれば地元の大学の情報収集を兼ね留学生団体にあたってみるとよい。また、地元の自治体にウクライナ避難民の支援活動や支援団体について問い合わせてみるのもよいであろう。生徒の感想である。

> 「ロシアでも戦争に反対している人がいる。ほとんどいないと思っていた」「ニュースではデモの様子が積極的に取り上げられるが、実際はプーチン氏を支持している人が多いことを知れた」「ロシア国民がどのように考えているのかが分かった。だが違う考え方もあるかもしれず、所得等で違うかもしれないので引き続き情報を集めたい」「『ロシア国民は間違っている』というのではなく『ロシア国民は間違えた認識をしてしまうように仕向けられている』と改めて実感した」「『違う国で新しい人生を歩まなくてはいけないのか』という言葉が心に刺さった。もしウクライナがなくなれば避難民は避難先で今までと全く違った『人生』を送らなくてはいけない。そのことは重く受け止めなくてはならない」

3　整理・分析——論点整理・再検証のためのグループ討議・発表

ここまで「戦争を防ぐ・終わらせるために、世界や私たちにできることは何か」という疑問を掲げ、ひとつずつ障害を確認しながら、世界平和へ向けた方法を模索してきた。その成果をグループ討議でアウトプットし、さらなる検証の材料とする。具体的には「世界平和」の課題を5つ提示し（ウクライナ侵攻をどう終わらせる？／国連をどうする？／核問題をどう解決する？／日本は難民受入を拡大すべき？／日本の安全保障をどうする？）、グループで最重要と思うものを選びその解決策を提案する。今回は全員が役割を持って議論に参加できることを優先し、各課題で主要な考え方をあらかじめ複数提示し、グループ内で各人の担当を決め、前半はその立場で意見表明、議論をし（全員が必ず別の立場の難点を指摘するか質問をし、指摘された難点・質問すべてに再反論・回答を試みるなどの条件を設定する）、後半はフリーで討論し（最初の立場にこだわらず、議論をしたからこその新しい意見や全員が納得できる提案を目指す）、グループとして1つの提案を定め、ＫＰ（紙芝居プレゼンテーション）法

で発表する（項目は以下）。何を目的・ターゲットとしているかを簡明にするために、政党による政見放送の形をとった。

> 1枚目：「こんにちは。〇〇の味方、〇〇党です。私が党首の〇〇です。」
> 2枚目：「我々は、〇〇の政策を提案します」
> 3枚目：「この政策が実現すれば、世界はこう（〇〇）平和になります」
> 4枚目：「考えられる課題は〇〇ですが、こう（〇〇）すれば解決・改善します」

　聴衆から問題点の指摘や質問を受け、その応対も含めた内容で支持政党に投票させ、各クラスで最も支持された政策を学年で共有した。学期末試験でそれらの政策に対して意義・難点を指摘させる問題を出題し、その内容をまた共有した。そのうちウクライナ侵攻をめぐる提案、議論の概要を一部紹介する。

> 【駒党】（ウクライナ侵攻に対して）経済制裁を徹底し、ロシアに停戦交渉に応じさせる。その時点でロシアが実効支配している地域をロシアに割譲することをウクライナに納得させ、ロシアにはウクライナのNATO加盟を認めさせることで、早期停戦と戦争の再発防止を図る。
> （意義）早期停戦による犠牲者減少。NATO加盟による再発防止、抑止力に／ロシアの防衛線確保が果たされ、ウクライナもNATOに入れ双方の目的が果たされるので実現しやすい／戦争が早期に終わり食糧問題も解決しやすくなる
> （難点）ロシアは結果的に得をし、他国侵略の成功例となってしまう／被害国にさらなる被害になり、ロシアが増長する／ロシアが拒否した場合に打つ手がない／経済制裁による日本経済への影響や割譲地の住民への対処
> ＜議論＞ロシアを徹底的に武力制裁するべきだ／領土返還をロシアが拒否すれば、今度こそ武力介入すると脅しをかける／ウクライナに積極的に武器支援すべき／ウクライナに武器を供給することでは終戦に向かわない／多くの国がウクライナに戦争を続けてもらおうとしているように思える／NATOに今度こそ東方不拡大を約束させ、過去の反省も含めてウクライナ東部を割譲する案を提案する

4　まとめと評価

　グループ発表やその再検証もふまえ、最後に個人で「世界平和への提言」をまとめ、個人で行う「アクション宣言」とともに1枚のシートで提出する。

> ＜提言例＞「東部2州を国連直轄地に（ウクライナ・ロシア両国がぎりぎり譲歩でき、実際の緩衝地帯にもなりうる）」「拒否権1回100万ドル（拒否権乱発か国連財源不足のどちらかの解決になる）」「戦争当事国の拒否権制限（総会で戦争状態にあると認められた常任理事国の拒否権凍結）」「核使用時のイメージビデオ各国版の制作（各国実在の都市に核が落とされた状況を仮定した科学的再現。被爆国日本にしかできない仕事）」「難民パスポートの発行（国際機関が一元的に認定・パスポート発行を行い、パスポート保持者の入国を各国は制限できない）」

　多くの貴重なアイデアが出された。もちろん実現可能性については課題も多いが、発想なくば実現のための一歩も踏み出せない。大事に共有したい。
　個人でできることは多層に渡ることを示すため、フリー・ザ・チルドレンによる分類（資金調達／物資調達／ボランティア／自己行動変革／啓発活動／政

策提言）を紹介し、「アクション宣言」をしてもらった例が以下である。

> 「新聞社に投稿」「自分のYouTubeアカウントでたくさん投稿する」「ウクライナ関連の動画に高評価を押し、より多くの人の目に触れやすくする」「もう使わない本やゲーム機を売って募金」「募金は敷居が高いので、ウクライナのことをよく知り周りに伝え、反戦ムードを作る」「今自分がいる環境に感謝して生きる」

　試験での政策評価（意義・難点の指摘）の内容、個人でまとめた提言とアクション宣言の提出状況（期日と課題要件を満たしているか）を評価対象とした。余力があればグループ討議・発表での貢献内容を生徒相互で評価するシートを準備してもよいだろう。

5　アクション

　卒業生とウクライナ人留学生を迎えた会の参加者と生徒会メンバーが、大学生が始めたウクライナに防寒着を送る活動に参加すべく立ち上がった。あっという間に企画書が通り、校内ポスターなどの製作も進み、たくさんの衣料が集まった。活動は新聞記事や報道番組でも取り上げられた。ではそのような機会に恵まれなければ学びの意味は低下してしまうだろうか。そんなことはない。

　「戦争が始まってから今まで、ずっと何もできない自分に無力感を感じていた。何ができるかを考える機会があるだけでも、とても嬉しかった」

　報告会に参加した生徒のコメントである。もちろん問題は深刻だが、仲間と議論し考える機会があること、解決に向け関与できることは希望であり、本来「嬉しい」ことなのだ。そして多くの生徒にとってその貴重な機会が授業での語り合いであり議論なのである。生徒を蚊帳の外においてはいけない。

【文献・資料】
開発教育研究会編『新しい開発教育のすすめ方Ⅱ　難民』所収「逃げる」、古今書院、2000年
架空の難民家族が避難する間や難民キャンプで直面する試練を疑似体験できる。筆者はそれをベースにシリア難民家族の想定で内容をアップデータした。詳しくは拙文（全国民主主義教育研究会編『民主主義教育21』（2019年4月）所収「難民を『体験』する」）を参照されたい。

〜〜〜〜〜〜〜〜〜　H．人種・移民・難民　〜〜〜〜〜〜〜〜〜

18　難民——ウクライナ難民から考える難民問題

小島　健太郎

2022年のロシアによるウクライナ侵攻で多くの難民が発生した。ウクライナ難民を手掛かりに、高等学校公民科「公共」の「グローバル化と国際人権」や「国際政治の現状と課題」の項目を視野に、国際社会での難民の人権保障について学び、日本での難民受け入れ・支援について考える授業プランを構想する。

1　課題の設定

ロシアがウクライナへ侵攻開始した2022年2月24日から約1年経った段階で、ウクライナから近隣国へ避難した人数は800万人以上（2023年2月20日更新のUNHCRの日本語HPによる）と発表されている。この人数はウクライナの人口の約20％に当たる。その数は、2021年の最大の難民の出身国であるシリアの680万人をはるかに超えている。

今回の授業プランでは、このウクライナ難民と日本の支援を取り上げながら、日本の難民支援のあり方について考えていきたい。このような課題の設定の背景には、以下の3点のねらいがある。

①ロシアのウクライナ侵攻のニュースは、日本のメディアでも毎日のように多く取り上げられている。ただ、その取り上げられ方は戦況や軍事に関する情報、ウクライナ国内の被害が中心である。もちろん開戦当初は難民についても報じられていたが、戦争が長期化する中で、難民の生活や状況についての報道は少なくなっている。近年の戦争が難民を大量に発生させているという事実を踏まえ、この授業を通じて、実際に難民になるとはどのようなことか、またどのような支援が必要とされているのかを考える機会としたい。身近な日本での事例を取り上げながら、具体的にどのような支

174

援が行われ、どのような課題があるのかも見ていきたい。

②日本政府はウクライナ「避難民」という用語を使い、「難民」と区別している。そこには、日本政府がウクライナ「避難民」を例外的な措置としようという意図がうかがえる。実際に、法務大臣は紛争地から逃れた人々を「準難民」として受け入れる制度を検討し(例えば、日本経済新聞2022年4月17日など)、一般的な「難民」とは別の扱いをするという議論も行われている。今回の日本政府のウクライナ「避難民」への手厚い支援と比較しながら、これまでの日本政府の「難民」の受け入れ・支援の状況を調べ、今後の日本の難民政策の課題について考えていきたい。

③ウクライナ難民をきっかけに、難民についての日本のメディアの報道も増加し、関心も高まってきた。しかし、日本のメディア報道の多くでは、ウクライナ難民の支援が「善意」による「いい話」として消費されている。確かに、支援している人たちの善意によって支えられているソフト面がある一方で、難民の支援は「恩恵」として与えるものではなく、本来は国際社会における人権保障の課題であり、国際人権条約である難民条約を批准している国として法的に難民を保護し、支援制度を充実していかなければいけないハード面の課題があるという認識を深めたい。

以上の3点のねらいを踏まえながら、次のような授業プランを作成した。

1時限目	ウクライナ難民から国内の難民支援に関する3つの課題を設定する
2時限目	設定した課題ごとに多面的・多角的に情報を収集する
3時限目	収集した情報を整理・分析し、グループ発表に備える
4時限目～	グループ発表をし、クラスで共有する

第1時限目は次のような流れで課題設定を行う。

●導入

難民に関する授業の導入として、日本へ避難してきたウクライナの一人の少女を取り上げることで、生徒たちに難民の具体的なイメージを持ってもらうようにする。今回の導入では、ズラータ・イヴァシコワ『ウクライナから来た少女 ズラータ、16歳の日記』(世界文化社、2022年)を紹介した。この本は、ウクライナの16歳の少女の2022年2月22日の開戦直前から、戦争により家族と離れ、一人でポーランドを経由して日本へ避難してきた7月までの日記である。生徒たちと同じ年頃の少女が、ある日突然戦争の始まりに直面し、これまでの

日常生活が変化し、家族と離れ故郷を去り、異国での新しい生活を始めねばならない過程と、それに対する悩みや不安などが綴られている。長期休暇の前であれば、課題図書として生徒たちに読んできてもらい、最も印象に残った部分をクラスで共有する方法もあるが、それが難しい場合には、日記に即してズラータさんの行動や気持ちの変化を整理したプリントを配付し紹介するのも一つの方法であろう。

●展開

　導入で紹介したズラータさんの事例を踏まえながら、教科書や資料集などを使いながら難民についての基本事項を生徒と確認する。

　◎難民条約（1951年採択の「難民の地位に関する条約」と、1967年採択の「難民の地位に関する議定書」）では、人種・宗教・国籍・政治的意見または特定の社会集団に属するという理由で、自国にいると迫害を受けるおそれがあるために他国に逃れ、国際的保護を必要とする人々を「難民」と定義していること。そして、難民の生命や自由が脅威にさらされるおそれのある国へ強制的に追放したり帰還させてはいけないこと（ノン・ルフールマン原則）など、難民の保護と生命の安全を確保するために難民の権利保障と批准国の義務が規定されていること。

　◎現在、ＵＮＨＣＲ（国連難民高等弁務官事務所）は、武力紛争によって他国へ逃れてきた人々を「難民」、国境を越えずに国内で避難生活を余儀なくされている人々を「国内避難民」として保護の対象とし、国際社会も支援していること。

　◎ＵＮＨＣＲや国連ＵＮＨＣＲ協会のＨＰなどから分かる現在の世界全体の難民状況およびウクライナ難民の現状について。ＵＮＨＣＲの「数字で見る難民情勢（グローバル・トレンズ）」はデータだけでなく5分前後の動画もあり活用しやすい。ウクライナの難民のデータでは、時事通信社の時事ドットコムニュースの特集「近隣国に逃れたウクライナ難民の数」で地図に人数が表示されている。

　以上の事項を授業で確認した上で、次の3つの課題を設定する。

課題1.　日本へ避難してきたウクライナ難民がどのような避難生活をしているのだろうか。その人たちに対してどのような支援が行われ、課題に直面しているのか調べてみよう。

課題2. ウクライナ難民に対して、日本政府は「難民」ではなく「避難民」という
　　　用語を使っている。それはウクライナ難民をそれ以外の難民と区別しよ
　　　うとしているからである。これまでの日本の難民受け入れや支援の実状
　　　について調べ、なぜそのような違いがあるのか考えてみよう。
課題3. 今後の日本の難民受け入れや支援をどのようにすべきなのか。また、
　　　私たちにどのようなことができるのか考えてみよう。

2　情報の収集

　第2時限目では、上記3つの課題についてグループごとに情報収集を行う。
場合によっては、課題1と課題3について調べ検討するグループと、課題2と
課題3について調べ検討するグループに分ける方法もありえるだろう。情報収
集の際には、以下のような情報源を紹介するとよい。
◎**課題1について**
　日本のウクライナ難民の受け入れ数など基本的なデータを調べるためには、
出入国在留管理庁のＨＰの「ウクライナ避難民に関する情報」が役立つ。このＨ
Ｐは毎週更新されており、男女別や年代別などのデータが提供されているため
難民の特徴を読み解くこともできるだろう。また、ここには都道府県別の集計
が載っているので、それを手掛かりに自分の近くの地方自治体がどのような支
援をしているのかを調べてみることもできる。
　民間団体では、日本財団「ウクライナ避難民基金」が幅広い活動支援を展開し
ており、ここからさまざまな具体的な活動の情報を収集することができる。
　日本へ避難してきたウクライナ難民の具体的な姿は、新聞検索機能や新聞の
縮刷版を活用し、それを取り上げた新聞記事を探すことから始めるのがよいだ
ろう。このような記事を通じて、ウクライナ難民当事者やそれを支援する人た
ちの声や直面している課題などを知ることができる。
　また、大学によってはウクライナ難民の学生を受け入れており、大学のＨＰ
の記事から具体的な大学での支援活動を見つけられるだろう。
　以上のことを手掛かりに、ウクライナ難民が日本で具体的にどのような生活
をし、どのような不安や悩みに直面しているのかを調べてみるとよいだろう。
◎**課題2について**

　日本国内のこれまでの難民の受け入れや支援については、外務省や出入国在留管理庁のＨＰから政府の方針や、難民申請者数と難民認定数などの基本的なデータを確認することができる。

　これに対して、政府の難民政策を批判し、実際に法的な側面から難民支援を進めてきた団体として、全国難民弁護団連絡会議がある。この団体のＨＰにある「難民ニュース」や「統計」から具体的なデータや日本の難民政策の課題についての情報収集ができる。これを手掛かりに関連する事例について詳しく調べ始めていくとよいだろう。

　また、国内での難民の生活支援を行っているＮＰＯ法人難民支援協会や社会福祉法人さぽうと21など、支援団体のＨＰでは具体的な支援活動が紹介されている。難民がどのようにして日本にたどり着いたのか、日本でどのように暮らしているのか、今後についてどのように考え、どのような課題に直面しているのかについて調べることができる。

3　整理・分析

　この授業プランの最後には、グループ発表を予定している。そのグループ発表の準備として、**第3時限目**では課題1と課題2で集めた情報を整理・分析することになる。その上で、課題3の今後の日本の難民受け入れや支援のあり方を模索し、自分たちにどのようなことができるのかについて、各グループで意見を出し合いながら議論をする。グループ発表では以上の内容をすべて含めるようにしたい。

　課題1と課題2を整理・分析する上で、日本政府とＵＮＨＣＲが対応している「難民」の違いや、なぜ日本政府がウクライナ「避難民」としているのかについて着目させるとよいだろう。その際、日本政府は難民条約で定義された難民のみしか認めず独自の厳しい認定基準を適用している点、それに対してＵＮＨＣＲや欧米各国は時代の変化に対応し紛争から逃れてきた人たちも「難民」として支援している点などを指摘しておくとよいだろう。今回、ウクライナ難民に対しては、ウクライナへの国際的支援の一環として、日本政府も戦争から逃れてきた人たちを受け入れたが、「避難民」と呼び「難民」と区別しているのはこのような経緯があるからである。

　課題3については、実際に難民支援に携わっているＮＧＯ・企業・学生団体などの多様な実践活動を紹介している滝澤三郎編『世界の難民をたすける30の方法』（合同出版、2018年）がヒントになるのではないだろうか。

4　まとめ（アクションを含む）

　第4時限目ではグループ発表を行う。グループで調べたことをクラスで共有するだけでなく、すべてのグループが発表した後に、課題3についてクラス全体で討論し、議論を深めていくのもよいだろう。

　また、教室内での活動に終わらせずに、自分たちが調べ学んだことを発信するために文化祭などで展示・発表したり、全校へ難民支援の募金を呼びかけたり、難民問題を啓発するための映画上映会を企画するなど多様な方法もある。募金や映画上映会などの企画は、生徒が難民について学んだことを元に、他の人たちへ説明をしたり、呼びかけのポスターなどを作成しなければならず、学んだことを振り返るよい機会となる。

　また、難民や難民支援に関わっている個人・団体に直接会って取材を行ったり、その人たちの講演会を企画するなど、さまざまなアクションも考えられる。このようなアクションにつなげていくことができれば難民問題についての学習をより深めることになるだろう。

【文献・資料】
滝澤三郎・山田満編『難民を知るための基礎知識』明石書店、2017年
滝澤三郎編『世界の難民をたすける30の方法』合同出版、2018年
阿部浩己「ウクライナからの避難民は「難民」ではないのか」ヒューライツ大阪『国際人権ひろば』No.164
　（2022年7月発行号）

```
～～～～～～～～～～ H. 人種・移民・難民 ～～～～～～～～～～
```

19　人種差別——人権行使への抑圧とどう闘うか

山﨑 裕康

　本稿では米国公民権運動を題材とする授業の展開例を提案する。教師は学習のために選択されたトピックや公的論争問題に対して生徒の思考を刺激し、教室での討議を活発し、生徒の課題研究に役立つ疑問を提示することが必要である。生徒の推論プロセスを喚起する発問を用いた学習指導方法を示したい。

1　課題の設定

　長年社会科教師として後期中等教育に携わってきた筆者は、授業を構成する上で最も重要なこと（目標）は、教師が限定的であれ知的経験と能力をもつ生徒に対して民主的な市民性の育成を促し、反民主的な事柄からもはや社会化されない対抗社会化（counter-socialization）にある、と考えてきた。

　圧倒的な権力をもつ政権与党のヘゲモニー下にある学校現場でこれを実現することは難しいが、そのことを意識しながら教室でのディスカッションをより深めていく授業展開を示す。最初に公民権運動を扱ったドキュメンタリー作品を視聴、そこでのトピックを題材にして学ぶ意欲を喚起し、探究学習を促し、生徒自らのテーマを見つけていく。次にリサーチペーパー（レポート）を書き、その研究成果をクラスルームで発表する、そのような授業展開を構想したい。

(1) 疑問を提示すること、発問を大切にすること

　次のような発問のタイプを重視して、授業の中で生徒を意識的、自覚的に取り組ませたい。(1)定義的発問：例えば「奴隷制度」の特徴を考察して定義を明確にする発問。「社会には他の仕事を選択できずに安い賃金で有害な労働条件を我慢して働いている労働者がいる。この労働者は奴隷か？」と問い詰める。

(2)実証的発問：生徒の主張が事実に基づいているか、裏付けの証拠を示せる
か、それらの出所が信頼できるものなのかを吟味する。(3)政策的発問：社会
的争点となっている政策に対して自らの立場を決定し、その立場を支持する理
由を説明させる。(4)価値的発問：倫理的・道徳的次元での考察(価値が対立す
る状況を設定することで)を促す。(5)推測的発問：生徒が蓄積してきた情報に
基づき想像力を豊かにして理念・思考技能を創造的に駆使するようにしむける。

(2) 矛盾する見解の提示、教室でのディスカッション

　教師が相対するような諸見解を提示すること、また好奇心をひきだすために
最初の主張と矛盾するような情報や反対意見を意図的に提示することは、生徒
の思考を刺激し、推論プロセスを喚起する重要な教授方略となる。

(3) 論争的価値ジレンマの中に巻き込む

　ある結論を出さなければならない心的葛藤のある場面(又はストーリー)に生
徒を巻き込んでいく。換言すれば、価値の対立・衝突する場面に生徒を「強制
的」に立たせるような展開をつくる。その価値の対立・衝突が、実は歴史・分
野が異なる状況においても類似の構造の中に見いだされる。そして他の学習の
中でもその構造がアナロジーとして認識されていくのである。「アナロジーで
見る」とは、時間・場所が違っていても同じプロセス、同じバージョンと見て
取れる人間の高度な能力をさす。

2　情報の収集——米国公民権運動の主要なトピック

　米国公民権運動に関する写真やドキュメンタリー、また「黒人」差別に関わる
映画も多々あるが、実写のリアルな映像の作品を観て公民権運動を学んでいき
たい。米国公民権運動を描いた作品として優れた作品に『EYES ON THE
PRIZE：勝利をみすえて』(日本語ナレーションのあるものを使用)がある。な
お、この作品は1990年に経団連の呼びかけにより発足した海外事業活動関連
協議会が全国の高等学校に配付し、懸賞作文コンクールが案内されていたもの。
1986年の中曽根首相の黒人差別発言以来、渡辺政調会長、梶山法相と三度も
問題発言があったことに対する「経済界」の対応であった。

　授業で扱いたいトピックは、①アフリカ系少年に対するリンチ・虐殺、②バスボイコット運動、③リトルロックセントラル高校事件、④セルマでのキング牧師によるデモである。ここでは③について要約する。

　1954年5月17日ブラウン対カンザス州トペカ市教育委員会の裁判で連邦裁判所は、全員一致で公立学校における人種隔離が憲法違反との判断を下す。1957年9人のアフリカ系子女がアーカンソー州リトルロックの名門校セントラル高校への入学を教育委員会によって許可される。だが、白人生徒と保護者の憎悪も激しくなる。州知事は、人種差別撤廃に反対する人の票が次の選挙に必要であったため、社会の安全と秩序維持のためと発表してセントラル高校に州兵を派遣した。入学日に8人が州兵に追い返されたが、連絡の行き違いで遅刻した9人目の女子生徒が1人で登校し学校内に入った。3週間後、アイゼンハワー大統領は連邦軍を派遣、9人は銃剣をつけたライフルをもった兵士に守られ登校、手厚い警護はその後も続くが卒業できたのは1人のみであった。

3　整理・分析──米国公民権運動の授業構成

(1)　授業構成

第1時間　単元：米国公民権運動の概要とビデオ視聴

第2時間　シカゴ出身のエメット・ティル少年虐殺事件、バスボイコット運動、リトルロック事件をトピックに米国公民権運動を深める。

第3時間　1965年アラバマ州セルマでのデモ隊に関わるキングの映像を観て、平和的デモを弾圧しようとする暴力に対峙する闘いについて考察する。

第4時間　自分の探究テーマ設定とリサーチペーパー（レポート）の書き方。

(2)　第2時間の授業展開例

　バス内人種差別に抗議して黒人住民がみなボイコットを1年以上も続けたバスボイコット運動から、多数が同じ行動をとることによって権力をもつ者と闘えるという、非暴力の闘い方の経験を確認したあと次の話題に移行する。

トピック：セントラルハイスクール事件（リトルロック事件）

【教師からの発問】

①リトルロック事件について定義的・実証的発問によって概要を理解させる。

②「フォーバス州知事はなぜアフリカ系の入学を妨害したのか？」

③「あの画面からすると、白人のアフリカ系に対する憎悪と暴力はすさまじい。その中にあって、9人の入学を認めることは、新たな危険をつくることにはならないか？」（生徒の思いと矛盾する見解の提示、価値的発問）

④「あなたが州知事であったら、どういう行動をとるか。その行動を市民にどう説明するかを述べなさい」（政策的発問）

【生徒からの予想される答え・意見】

・「アーカンソー州の平和と秩序が失われるから、実際暴力事件が発生している。当時の白人の意識によれば危険を避ける手段だ」

・「州知事は、次の選挙でも勝ちたかったために白人の人種差別主義者から票がほしかった。彼の関心は私的関心であって、公共的な関心ではなかった」

・「9人の黒人生徒は、教育委員会から成績優秀生徒として選ばれ入学を許可された者、セントラル高校で学ぶことの妨害は間違っている」

【教師からの説明、議論の整理、対立する政策の明示】

　「このビデオは『アフリカ系の権利向上』の立場から作成されている。社会的な作品はある立場から描かれる。それはバイアスと言われることもある」と説明、自分の意見を述べるときはそれを支持する根拠を答えられるようにすること、それはビデオの映像の中にあるかも知れないし、配付をした資料、教科書にあるかも知れないということを注意する。次のa、bの対立内容を生徒に提示し、自分の立場を決めるように求め、その根拠を明確にするよう要求する。

---

a．たとえ暴力行為によって社会の安全と秩序が驚かされても、白人とアフリカ系と同じ教室で学習させることによって教育の平等を実現すべきだ。

b．暴力行為によって暴動が起こり多数の人の危険がある状況においては、同じ教室で学べないという程度の人権侵害は仕方ない。

　場合によっては教師も議論に入り、教師は、bの立場からやや多く発言して、教師の発問・主張に対抗、挑戦してくる生徒の考えを引き出す。生徒の関心の

レベルを考慮しながら、社会的論争問題で似た問題があることを示して、a、bのような永続的な問題のアナロジーを提起していく。

【教師からの発問】

⑤「リトルロック事件では、なぜ暴力が起きるのか、その暴力とは具体的にはどんなものか、さらにそのような暴力の発生は行政の関与で回避できないのか」

⑥「連邦裁判所の判決はどういうものだったか」（実証・定義的発問）

⑦「連邦軍に守られた、アフリカ系生徒が名門セントラルハイスクールの階段をのぼったとき、どんな気持ちであったか」（感情移入・ロールモデル）

【予想される生徒意見】

・「1954年ブラウン対教育委員判決がある。牧師助手のブラウン氏の娘リンダが白人学校入学を拒否された。そのために訴訟となる。判決は、『分離すれど平等』という法理を覆し、分離された教育施設を不平等とした」

・「セントラル高校の階段を踏みしめたとき、恐怖、興奮、プライドを感じたと回想していた」

・「やはり、多少暴力的な事件が起きて社会の安全が脅かされても、今は人間の尊厳が大切なときがある。時代や社会を越えて」

【教員のまとめ、探究過程】

　教師は、リトルロック事件に見て取れる永続的な問題のアナロジーの例をこれからも考えていくことを指示。生徒は、社会認識に関わる次のような探究学習のモデルを追究していく：①問題の確認、②前提となる価値の確認、③解決のための選択肢、④結果の予測、⑤意思決定、⑥意思決定の正当化、⑦「決定」が確定的なものではないことの自覚。

(3) リサーチペーパーの課題を出す

　米国公民権運動の学習を一通り終えたあと、生徒は自ら探究テーマ・課題を決定し、リサーチペーパーを書く学習に進む。テーマの参考例を挙げる。「マルティン・ルーサー・キングJr.の思想と行動」「1965年アラバマ州セルマでの闘争と公民権法成立」「非プロテスタント信徒の公民権運動」「ブラックパワー・サリュート：忘れられた銀メダリスト」「ブラック・ライブズ・マター運動」「ニューヨーク州第14区下院議員『AOC』の政治指導」。

　以上、米国公民権運動を題材として学ぶ意欲を喚起しながら探究学習を促し、生徒自らテーマをみつけ探究活動(学習の個別化)を行うプランを示した。次に、ある程度の期間をおいて自分の研究テーマをクラスルームで発表する学習に進む。それは、個人の学びを集団の学びへと学習過程を拡張し、学び方を学ぶ、学び続ける力、コミュニケーション能力、さらに、ある文脈の中で複雑な要求(課題)に対応する力を学び続けるためである。

4　まとめ

　今回扱ったリトルロック事件については、米国リベラル派の社会科教育研究者D.W.オリバー作成の『ハーバード社会科』の中でも取りあげられている。ここで描かれている秀逸に優れた授業構成、授業のための教授方略は、日本の社会科教育研究者の論考・翻訳で読むことができる。オリバープランは、この事件に関するテキストを読んで公的論争問題に取り組むものである。しかし、今日の日本の高校生にとってはドキュメンタリー作品である『EYES ON THE PREIZE』を見せて授業を進める方が、授業に関心を持たせ、思考に刺激を与え、教室のディスカッションをより深く活発していくのに効果的である。

　ここで扱った公的論争問題では、教師の評価は、生徒が一般的に正しい答えを発見すること、それを学ぶことに向かうのではなく、生徒自らが「判断に基づく意思決定」した立場を合理的に説明できるかどうか、その生徒のパフォーマンスに基づくことになる。理想的には各学年に一つの探究テーマをもち探究していく学びの環境ができたなら、教室でのディスカッションは、さらに活発になり、その学び合い(共同化)のなかで探究の内容も深まっていくだろう。

【文献・資料】
岩本裕子・西崎緑編著『自由と解放を求める人びと』彩流社、2021年
D.W.オリバー＆J.P.シェーバー／渡部竜也・溝口和宏ら訳『ハーバード法理学アプローチ』東信堂、2019年
石出みどり「アメリカ合衆国の20世紀：公民権運動を学ぶ」『中等社会科ハンドブック』学文社、2013年
山﨑裕康「米国公民権運動を題材とする社会科政治教育の授業展開」『民主主義教育21』第4号、2010年
　本稿の授業の指導例はこの論説にある学習指導案に加筆・訂正したものである。

H. 人種・移民・難民

20　移民・外国人労働者

室田 悠子

　日本には100万人を超える外国人労働者が働いており、日本社会は外国人労働者によって支えられている現状がある。世界的に起こっている人口の移動を俯瞰しながら、となりに生きる「人」として移民や外国人労働者を意識し、私たちの社会の抱える課題に気づく学習を目指す。

1　課題の設定

　本章では、地理Bの「世界の人口問題」で移民・外国人労働者をテーマとした計4時間の授業案を構想する。どのように人が移動しているのか、人の移動によって日本を含む各国でどのような課題があるのか、という大きな観点から授業を展開することが重要である一方、移動して暮らすのも働くのも、生きている人間である。「移民」「労働者」「人口」について学ぶ際には、実際に移動する人の存在（人生）を意識することができるかが鍵となる。

　「すでに多くの外国人住民が日本に暮らしていること、その中には日本に定住している人も多く含まれること」「現在の日本には十分な受け入れ態勢が整っていないこと」は社会に共通の認識となりつつある（永吉、2020）。にもかかわらず、移民・外国人労働者は人口減少による労働力を補うといった政策的な観点から国家によって出入国を制御される存在として論じられてきた。生徒たちも、日本国内に多くの外国人住民が暮らし、働いていることについての知識や実感はある。しかし、その外国人住民が自分と同じ多様な感情を持った、だが異なる文化的背景を持った「人」であることへの想像力を働かせながら、「移民」「外国人労働者」「人口問題」について考えることは容易ではないだろう。

　そこで本授業案では、生徒が「人」として移民や外国人労働者を意識し、移民や外国人労働者にとっての移民政策・日本社会という視点を持ちながら「移民」

「外国人労働者」「人口問題」の探究ができるようになることを目標とする。

探究の計画

　上記の課題を生徒と共有するために、教科の単元内容に入る前に事前学習の
レポートを課す。レポートでは、「テーマにかかわっている／かかわった当事
者の声」を調べること、「あなたがその立場だったら」という項目を入れた。
「人」に着目してもらうためだ。そして、グループ学習・共通の学習を経て「人」
として移民や外国人労働者を意識する視点を獲得したうえで、もう一度問いを
立てて調べ直しレポートを作成する計画を立てた。次の表が授業計画である。

事前学習：「移民・外国人労働者について調べよう」というテーマで、調べ学習を課す（まとまった休み前の課題）
1時間目　・生徒の調べてきた内容をグループで紹介しあう ・世界の人口移動の地図から移民・外国人労働者の現状について考察し、なぜ人は移動するのか／なぜある社会が別の社会からの人の移動を受け入れるのか、歴史的な視点も交えて概観する
2時間目　日本の現状について具体的理解を深める ・日本に暮らす外国人の変遷を概観する ・外国人技能実習生 ・入国管理の課題　ウィシュマ・サンダマリさんの手紙 →人権保障の欠如から見えること
3時間目　図書館で調べ学習 ・関心を抱いたこと、問題だと感じたことをグループで出し合う ・事前学習で調べた内容に追加して調べたいこと、新たに調べたい内容を計画
4時間目　図書館で調べ学習の続き　オンライン上で後日、課題を提出

2　情報の収集

（1）事前の調べ学習

　冬休み前に、世界の人口問題を学習するにあたり、「移民・外国人労働者に
ついて調べよう」という課題を課した。この事前レポートの目的は、「人」に着
目して移民・外国人労働者について調べてみることである。学習に対するモチ
ベーションを高めるため各々の興味関心にそってテーマを設定することとし、
対象とする地域や時代は問わないこととした。次のようなＢ４のワークシー
トを教員が作成し、配付した。

【ワークシートの内容】「移民・外国人労働者について調べよう」
現在、日本にはどのくらいの外国人の人がやってきているのでしょうか？　観光、仕事、留学
……、その目的は様々です。では、日本から海外へ行く人は？　移動した先で暮らし続ける人も
います。歴史的に見ても人々が移動することによって新たな文化や交流が生まれる一方、文化的
背景の違いや国の政策・制度から課題も生じてきました。
　私たちは今、多様性の時代を生きています。いろいろな文化的背景のある人々が共に暮らしてい
ます。そこに暮らす一人一人が尊重されるような社会をどう築いていけるのかが大きなカギとな
ります。人の移動、移民や外国人労働者の現状を考える際に、統計上の数字の動きだけではなく、
そこで実際に「生きている／生きてきた『人』」の日常の喜びや葛藤、苦悩などの一端を知ることが、
現代の課題を考えることにもつながると考えています。そこで、冬休みの期間を使って移民や外
国人労働者について調べてみてください。歴史的な移民を扱ってもよいですし、現在の日本や世
界の状況をテーマとしてもよいです（日本以外の移民についてでもよいです）。

テーマ（問い）：
1. テーマ（問い）を設定した理由：
2. 調べてみて分かったこと：
3. テーマに関わっている／関わった当事者の声：
4. 想像する　あなたが当時、あるいは現在の移民の立場だったら調べた
状況に対してどう思う？　またどう行動する？：
5. 考察　調べてみて見えるようになったこと、感じたこと、考えたこと：

　この課題では、本、新聞、インターネットの記事等、自由に調べてよい、と
の指示を出した（ただし、出典を明記すること）。

　実際に生徒は「最も移民を多く受け入れている国はどこだろう」「なぜ外国人
が日本を就労先として選んでいるのか」「最近の円安によって外国人労働者は
どうしたのか」「メキシコからアメリカへの難民が増えた理由」といったテーマ
を設定していた。

　多くの生徒はインターネットの記事を用いて調べ学習を行っている。なかに
は、テレビから得た情報からまとめた生徒や当事者にインタビューの機会があ
った生徒もいた。

　この各自の事前学習の内容を、1時間目の授業の前半に3〜4人のグループ
で発表し合い、互いに得た情報や意見を交換し合う。同じテーマで日本の外国
人労働者について調べた生徒でも、受け入れ側の日本企業の当事者の声、外国
人労働者の声、技能実習生の声など、どの当事者の声を調べたかによって、考
察の内容が変わってくる。「日本は外国人労働者に優しい国だ」という結論に至
った生徒もいれば、「パワハラやコミュニケーションの難しさを抱え、劣悪な
労働環境に外国人労働者が置かれていることがわかった」という生徒もいる。
また、メキシコからアメリカへの難民や、スイスの移民受け入れについて調べ
るなど、世界の状況について調べた生徒もいたが、当事者の声を集めるのに苦

戦したようだ。こうした生徒は、欠ける項目はあるが他の生徒が知らない情報を調べている。この段階では、そうした異なる情報の交換から自分にない視点を得ていくことの面白さを調査の完成度よりも重視したい。

(2) 教員からの情報の共有化と知識の整理

　これまでの学習で、生徒は「移民」「外国人労働者」「人口問題」は政策的な視点だけではなく、当事者をはじめとした複数の視点からも考えることができることに気づいている。1時間目の後半〜2時間目にかけて教員側からそうした複数の視点と結びつけた知識の整理と情報の共有を次のような形で行う。

1時間目　世界と日本の人口移動について概観する
教材：帝国書院『新詳地理B』の「世界の人口」の中の「国際的な人口移動」「移民労働者の増加」、帝国書院『新詳地理資料COMPRETE2022』「人口」「人口の移動」の項目を参照しながら、ワークシートにそって概要をつかむ
(1)世界の人口移動　地図からどの地域からどの地域への移動が起こっているのか確認し、難民、経済的、政治的、宗教的移民の具体例を見る
　　※ここで難民・移民・外国人労働者の定義について確認→それぞれが重なり合うことも確認する
(2)移民・外国人労働者を受け入れるとどうなるのか？
　　　─政府、企業、地域社会の望ましい在り方とは？─
　　すでに多くの移民・外国人労働者を受け入れてきたヨーロッパ、とくにドイツの抱える課題を紹介。文化や宗教の違いから生じる軋轢をどのように超えていけるのか。移民受け入れによる社会への影響は受け入れ側の社会の対応によって変わりうることを確認する。

2時間目　日本の現状について理解を深める
教材：上記の教科書・資料集
(1)日本に住む外国人について近年の流れを確認
　　①日本の旧植民地出身者(オールドカマー)
　　②1980年代フィリピン・イランなどから外国人労働者が流入(ニューカマー)→不法就労問題
　　③1990年代ブラジルなど南米からの日系人受け入れ→単純労働の就労が認められる(「出入国管理及び難民認定法」(以下、「入管法」)の改正)→景気の調整弁として解雇・失業の問題
　　④2000年代、少子高齢化の深刻化：インドネシア、フィリピンから看護士、介護福祉士の受け入れ(EPA)
　　⑤外国人技能実習生の受け入れ拡大
　　⑥2018年入管法の改正、「特定技能」資格の創設　制度の紹介と指摘されている課題を確認
(2)2021年3月に名古屋入管で亡くなったスリランカ人女性のウィシュマ・サンダマリさんを紹介　入国管理制度の課題を考える
　　資料：眞野明美他編『ウィシュマさんを知っていますか？』
　　　　　「命の尊重、入管に迫る　2007年以降17人死亡、問われる体制『朝日新聞』2022年9月17日
　　①ウィシュマさんの手紙を紹介し、彼女が置かれた状況を追う
　　②朝日新聞の記事を紹介する

　上記の学習を経て、3時間目は図書館を利用し、グループで意見交換後、再度各自が事前学習で調べた内容に追加して調べたいこと、新たに調べてみたいことを出し、調べ学習の計画をたてる。この際、可能であれば、事前に図書館司書と打ち合わせを行い、移民・外国人労働者に関する図書をピックアップして生徒が閲覧できる状態にしておくことが望ましい。なお、本授業で実際に使用した資料や生徒に有用な書籍を本稿末尾の【文献・資料】に挙げておく。

3　整理・分析

(1) 1時間目～2時間目の学習から考えたことを言語化する／他者の考えを知る

　3時間目の学習では、これまで獲得した視点を互いに共有し、具体的に深めていく。まず、事前学習から2時間目までの学習を通して、移民・外国人労働者に関し各々が関心を持ったこと、問題だと感じたことをグループで挙げていく（ブレインストーミング）。このグループはランダムに組み、関心を持った事柄を付箋に書き出してグループごとに用紙に貼っていく。また、挙がった事柄を「政策」「企業」「地域社会」「価値観・文化」のいずれの項目との関わりが深い事柄か分類してみるとさらに整理されるだろう（複数の項目にまたがること、どれにも当てはまらないこともありうる。そのため、状況に応じて「その他」の項目を作るなど工夫を呼び掛ける）。そして、クラス全体で各グループの出したことを互いに確認し合う（席を移動して読み合う）。これにより、授業で学習した内容を整理しつつ、他者の関心や問題だと感じたことを認識し合うことができる。

(2) 改めて問いを立てる

　3時間目の後半から4時間目は、最終レポートの計画立てから調べ始めるところまでを行う。生徒たちはこれまでのグループ学習や具体的な事例の学習を通して、少なくとも事前学習として調べ学習を行っていた時点とは見える世界が違っているだろう。そのため、最終レポートでは、事前学習の内容に新たな内容を追加して深めてもよいし、事前学習とは異なる問いを立てて調べ直してもよいとする。諸外国と日本の比較や、外国人技能実習制度、入国管理制度の

問題、すでに事実上多くの外国人労働者を受け入れた自治体の現状などを追加して調べることもできる。基本的には当初のワークシートの項目にそってまとめることとし、当事者の視点を意識して調べるよう改めて声掛けを行う。この最後の調べ学習では、図書館を利用し、教員からも本を紹介することで、なるべく取材や当事者の声に基づいた情報からのレポート作成を促したい。ただし、調べたい内容によってはインターネットの情報も必要であるため、それも可とする。以上の手順でまとめたレポートを最終課題として提出する。

4　まとめ

　本稿では、移民・外国人労働者が「人」であることを意識して学習に取り組むことを提起したが、事前学習のレポートの段階で、多くの生徒が移民・外国人労働者の現状についてもっと知りたい、と感じているようであった。そうした生徒たちが、世界や日本の抱える課題を自分にひきつけて最終レポートでさらに深めていけるとよい。また、実際の当事者やその支援者の方からお話を伺う機会が持てるとより問題意識が喚起されるだろう。こうした探究学習を通して、移民・外国人労働者の受け入れの在り方について、これからの未来を構想し創造する力を養いたい。

【文献・資料】
永吉希久子『移民と日本社会——データで読み解く実態と将来像』中央公論新社、2020年
内藤正典『外国人労働者・移民・難民ってだれのこと?』集英社、2019年
西日本新聞社編『【増補】新移民時代——外国人労働者と共に生きる社会へ』明石書店、2020年
宮島喬『「移民国家」としての日本』岩波書店、2022年
宮島喬・鈴木江理子『新版　外国人労働者受け入れを問う』岩波ブックレット、2019年
眞野明美・関口威人編『ウィシュマさんを知っていますか?——名古屋入管収容所から届いた手紙』風媒社、2021年
「命の尊重、入管に迫る　2007年以降17人死亡、問われる体制」『朝日新聞』2022年9月17日

21　パンデミック・感染症——世界史の授業から学ぶ

今 陽童

　本章は旧課程の「世界史A」の授業実践を元にしている。新課程の「歴史総合」では「資料を活用し、課題を追究したり解決したりする活動」の一例として感染症が挙がっており、その学習の仕方は「世界史A」とも重なる。本章の実践は講義型であったが、探究型の学習活動へと脱皮させる方法を考察したい。

1　課題の設定

　2019年に発生した新型コロナウイルス感染症(COVID-19)は、2020年に入ってから世界中で感染が拡大し、パンデミック(世界的大流行)を引き起こした。感染者の世界累計は約6億6千万人、死亡者数は660万人を超え(NHK特設サイト「新型コロナウイルス」より「世界の感染状況」)、2022年末の時点で未だ収束の兆しは見えていない。

　COVID-19のパンデミックにより、私たちの生活様式は大きな変化を被った。インフルエンザの流行する冬場だけでなく年中マスクを装着するようになり、食事中は会話を控える黙食が推奨(学校では強制)されるようになり、人びとが使用したテーブルやいす、手すりや取っ手その他、手を触れられるあらゆるものはすぐにアルコール等で消毒され、レジでの会計や行列のできるお店で並ぶ際にも「ソーシャルディスタンス」をとるようになり、換気のために夏でも冬でも窓を開けるため、夏場は熱風、冬場は冷気によって冷房も暖房も効きが悪い。行動も制限され旅行も自粛傾向になり、都市部で感染が拡大していた時期には都市部の人間が地方に赴くと差別を受けることもあった。飲食店や旅行関連の会社は軒並み業績が落ち込み、閉店や倒産する企業も相次いだ。

　だが、パンデミックにより社会が激変したのはCOVID-19が初めてではない。

歴史的には、天然痘、黒死病、チフス、コレラ、スペイン風邪(インフルエンザ)など枚挙に暇がなく、その都度、人類は危機に直面した。特に、感染拡大による死亡者数の増大は、人種差別など深刻な社会の分断を引き起こす一方、感染症に立ち向かう人類の試行錯誤の蓄積にもつながった。

　本稿は、筆者が世界史Aで実践した「感染症と世界史」の授業を元に、世界史上で起こったパンデミックに対して人類はどのような危機に直面しどう対応したのか、そしてそこからコロナ時代を生きる私たちは何を教訓として引き出すことができるのかを探ろうとするものである。

2　情報の収集

　筆者の勤務校(当時)で世界史Aの授業に使用していた教科書『要説世界史改訂版』(山川出版社)には感染症に関する記述はない。副読本に使用していた『ダイアローグ世界史図表　新版五訂』(第一学習社)では、中世ヨーロッパの黒死病がコラムになっていた。一方、歴史総合には学習指導要領に「感染症」の記載があるため教科書にも記述がある。例えば、山川出版社の『現代の歴史総合　みる・読み解く・考える』では「感染症」で1ページを設けている。総じて言えるのは、現行の教科書や副読本では「感染症と世界史」の学習をするには情報量が圧倒的に不足していることである。COVID-19のパンデミックを経て今後の教科書・副読本は感染症に関する記述が充実することが予想されるが、本章では教科書・副読本以外の資料から資料を収集する方法を考えたい。

　書籍では清水書院の「歴史総合パートナーズ④」に飯島渉『感染症と私たちの歴史・これから』(2018年)がある。感染症と人類の歴史(日本史・世界史含む)が100ページ以内にコンパクトに収まっており、最も手ごろに調べ学習を進めることができる本である。環境ジャーナリストの石弘之の『感染症の世界史』(KADOKAWA、2018年)は世界史上に登場した様々な感染症を詳細に紹介しているが、感染症が引き起こした社会的な影響や人類の対応については記述が薄い。資料として用いるならば、COVID-19のパンデミック以降に編集された『図解』版(同、2021年)の方が有用かもしれない。歴史ライターの内藤博文による『感染症は世界をどう変えてきたか』(河出書房新社、2020年)は、古代から現代に至るまでの様々な感染症と人類の攻防史を年代順・網羅的に描い

ている。調べ学習に重宝する 1 冊である。インディアナ大学の教授リチャード・ガンダーマンの『ヴィジュアル版　感染症の歴史』（原書房、2021 年）は、感染症と人類の攻防史を 33 のテーマで記しており、内藤とはまた違った角度から網羅的に情報を仕入れることができる。

　以上は情報収集の第一段階である。世界史上にどんな感染症が発生し、どのような過程でパンデミックが起こり、社会に対してどんな甚大な影響を与え、人びとがどう対応したのかを調べるならば、上記の資料から始めるとよい。より深く探究したいのであれば、もっと詳しい資料を探す必要がある。多少、難解かつ浩瀚ではあるが、記述が非常に充実しているのは、ウィリアム・H・マクニール『疫病と世界史　上・下』（中央公論新社、2007 年）とフランク・M・スノーデン『疫病の世界史　上・下』（明石書店、2021 年）である。マクニールの本は原著の初版が 1976 年と半世紀も前であるが、前述の『感染症と私たちの歴史・これから』も参照しており、現在でも有用であることがわかる。スノーデンは現役の歴史家であり、原著の初版は COVID-19 がパンデミックを起こす直前の 2019 年 10 月である。現役の歴史家による最新の知見が盛り込まれた著作であり、有効に活用したい。さらに詳しく知りたいのであれば、感染症ごとに書かれた歴史書を繙く必要があろう。黒死病、コレラ、インフルエンザには個別に歴史書がある。今回の授業で筆者が用いた一冊には、トム・クインの『人類対インフルエンザ』（朝日新聞出版、2010 年）があった。

　インターネットには COVID-19 に関する情報が溢れているが、感染症の歴史に関して読みごたえのあるまとまった記事は少ない。医学史の研究者らが立ち上げたチーム「医学史と社会の対話」は、ワークショップを通じて『高校でまなぶ感染症の歴史　歴史総合の授業でつかえる教材集』を作成したが、現在インターネット上に公開されている。歴史総合向けの教材で史資料がふんだんにあり、生徒への問いかけも充実している。課題の設定から資料の整理・分析まで参考になるところが多く、授業の教材や調べ学習に活用できるだろう。しかし、管見の限り、それ以外に有用な記事は見当たらなかった。この分野での情報の収集には書籍がまだ有効なようである。

3　整理・分析

　本章の探究課題は「世界史上で起こったパンデミックに対して人類はどのような危機に直面しどう対応したのか、そしてそこからコロナ時代を生きる私たちは何を教訓として引き出すことができるのか」である。筆者の授業では、任意の感染症ごとに筆者が前節で紹介した書籍群から資料を用意して、生徒に読ませ考察させた。本来であれば、探究の対象となる感染症を生徒自身が決め、その感染症に関する歴史的資料を生徒自身が収集し、整理・分析するのが理想的であったかもしれない。筆者が授業で取り扱ったのは、古代ギリシアのペロポネソス戦争時にアテネで大流行した疫病（トゥキュディデス『歴史』参照）、中世から近世のヨーロッパで何度もパンデミックを引き起こした黒死病、大航海時代にコロンブス交換によってアメリカ大陸の先住民を絶滅の淵に追いやった天然痘、19世紀に交通手段の発達で世界中に菌が拡散し各地で大流行を引き起こしたコレラ、そして第一次世界大戦末期に大流行し世界中で5000万人とも1億人とも言われる犠牲者を出したスペイン風邪（インフルエンザ）である。以上は世界史とも関わりの深い感染症であるが、その他にもチフスやマラリア、近年ではエイズやSARS、エボラ出血熱などが歴史的なパンデミックと関連する感染症として挙がる。生徒が探究の対象となる感染症を決定する場合は、これらの中から一つを選んで調べさせると比較的スムーズであろう。

　授業では上記5つの感染症（アテネでの疫病、黒死病、天然痘、コレラ、インフルエンザ）を取り扱ったわけだが、それらを本章の探究課題「世界史上で起こったパンデミックに対して人類はどのような危機に直面しどう対応したのか（後略）」に沿って実践した。例えば、黒死病（ペスト）は恐ろしい病であるが、その病状や感染経路、治療法（特効薬）を詳細に記述するのでは本章の探究学習にそぐわない。ヨーロッパに侵入した黒死病がどのような社会的分断を引き起こし、人びとはどんな錯乱状態に陥ったのか、そうした渦中にあってどんな合理的あるいは非合理的な対処をし、また絵画や文学など芸術分野に与えた影響はどのようなものか。こうしたことを収集（ないしは教師により提示）した資料から読み取ることが本章の探究学習では求められる。スノーデンの『疫病の世界史　上』によると、道徳的に堕落した者たちのせいで神は疫病によって人類を滅ぼそうとしていると当時の人々は考えた。道徳的に堕落した罪深い者たち

と認定されたのが異教徒や外国人、女性やユダヤ人であり、特にユダヤ人に対しては集団殺戮の対象になるなど酷い迫害が加えられたのである。さらには、鞭打ち苦行者と呼ばれる、自らの体を鞭で傷つけることで神の許しを得て悪疫から身を守ろうとする集団もいた。21世紀の現代でも、新型コロナウイルスの発生源（中国湖北省）との連想でアジア系の人々が差別や迫害を受ける事例が報告されたり、ウイルスが実は製造された細菌兵器だとかワクチンは政府による人口削減計画だとか陰謀論を支持する人が少なくないことを考慮すれば、中世と現代の隔たりが実はそれほど大きくないことがわかる。

　筆者が担当していたのは理系クラスだったため、コレラ菌発見以前に疫学的手法でコレラの感染経路を突き止めロンドンでの感染拡大を防止したジョン・スノーは生徒にとって印象的だったようである。また、コレラに対しては、脱水、瀉血、経口補水、酸浣腸など様々な治療が試みられた歴史があった。水と電解質の経口補給による治療法が確立されたのは20世紀も後半になってからであり、医学や科学の進歩が容易ではないことを生徒は実感していた。スペイン風邪の授業では、「14カ条の平和原則」で有名なウィルソンが、医療体制の整備を後回しにして情報統制も試みながら戦争遂行に邁進（まいしん）している様子を資料で読み、教科書に登場するのとは全く別の顔を見ることができた。また、ニュージーランドでは、カナダ発の客船内で多数の船員が感染したにもかかわらず、VIPが乗船しているという理由で首相も保健相も下船を許可したために大量の犠牲者が出た事件が発生していた。国のトップが体面や自己都合で判断を誤ると、国民に対して甚大な被害を与えることがよくわかる学習となった。

4　まとめ

　まとめは筆者自作のワークシートに宿題で記入してもらう形式で行った。本章の探究課題は「世界史上で起こったパンデミックに対して人類はどのような危機に直面しどう対応したのか、そしてそこからコロナ時代を生きる私たちは何を教訓として引き出すことができるのか」であったが、生徒からは「マスクをする」「ソーシャルディスタンスをとる」「ワクチンを打つ」「流言飛語に惑わされない」「差別をしない」といった、個人が努力をしたり心がけたりする以上の教訓を引き出すことはできなかった。

　原因としては、教員が設定した課題を生徒が完全には自分のものにしていなかったこと、資料はほとんど教師が収集（取捨選択）しており生徒が主体的には行っていなかったこと、整理・分析は教師が設定したワークシート上で行っており生徒が独自の視点で整理・分析が行えなかったこと、などが挙げられる。だが、それらは本格的に生徒主体で探究学習に取り組めれば乗り越えることも可能である。もう一点反省すべきは、発表の場が極めて限定されていたことである。発表は、自己が収集・整理・分析したものを他者にも伝わるように再構成するため、内政や熟慮の機会を設けることができる。発表に対する他者の応答が発表者の考察を深めたり、さらなる問いを誘発する場合もある。探究学習で得たものは生徒個人の財産であるが、他者との共有がなされることでその価値はさらに増すのである。発表の場は是非とも設けるべきであろう。

　発表の方法はパワーポイントやグーグルスライドによるものが一般的で手軽である。そして、グループ単位で行う。クラス全体の前での発表は発表者も聞く側も緊張感が増すし、何よりも一人ずつ行うと膨大な時間を要する。グループ単位であれば、発表者もそれほど緊張せずに済み、聞く側も質問などが行いやすい。世界史上で起こったパンデミックからコロナ禍の私たちが何を教訓として引き出すかについて活発な議論が行われたら、その実践は成功である。

5　アクション

　本稿の実践で社会的なアクションにつなげることは容易ではない。感染症対策のポスターコンクールなども自治体によっては開催されていたようだが、2022年末の時点で実施は見当たらない。やはり個人の努力や心掛けが社会に対して最も有効に働きかける方法なのだろうか。しかし、歴史に学んだ者の行動は説得力があり力強い。パンデミックが起きたとき、社会的なマイノリティが差別や迫害を受けやすいこと、人びとが集団で非合理的な行動をとる傾向があること、しかし冷静な観察・分析と果敢な試行錯誤によって感染対策や治療法の確立もまた可能であること。以上をふまえるならば、次のように考えることも可能であろう。感染症やパンデミックを主題とした歴史分野の探究学習を行うこと自体が、社会を少しでもより良い方へと導こうとする実践そのものであるのかもしれない、と。

〰〰〰〰〰〰〰 Ⅰ. パンデミックと災害 〰〰〰〰〰〰〰

22　災害と防災
——自然災害からどのように身を守るか

篠塚 明彦

　近年、異常気象が常態化し、もはや「異常」と言えなくなりつつある。残念ながら、いつ自分たちが自然災害に巻き込まれるかもしれない状況にある。いかにして自分の身を守ることができるのか、青森県弘前市における水害を事例に、その方法を考察していく学びについて提起していきたい。

1　課題の設定——自然災害に遭遇した際にいかに自分の身を守るか

(1) 本課題に取り組む背景

　2011年3月の東日本大震災以降、自然災害からいかに身を守るか、あるいはいかに被害を最小限に食い止めるかといった防災や減災が盛んにいわれるようになった。地震、津波、土砂崩れなど私たちは様々な災害にいつ襲われるかわからない。特に、近年は極端な豪雨が各地で見られるようになり、それに伴う洪水や土砂災害による甚大な被害も毎年のように日本のどこかで起こるようになってしまった。極端な気象現象の根底には地球温暖化のような大きな問題が横たわっている可能性があり、中長期的には私たちの消費社会のあり方そのものを見直す必要もある。そこに向き会いながらも、今、目の前に迫っているかもしれない自然災害から身を守らなくてはならない。

　災害から身を守るためには、自助・共助・公助が必要なのはいうまでもないことであるが、東日本大震災のときに「津波てんでんこ」という言葉が注目されたように、自然災害に直面した場合には、まずは自助が必要になる。

　次に示す表は近年の台風や集中豪雨についてのものである。大きなものだけ

を整理してみても、毎年、各地で被害が出ている。表を見ると西日本が多いようにもみえるが、かつてはあまり見られなかった東北地方で台風による大きな被害が見られるなど、もはや日本のどこにおいても台風や集中豪雨に襲われると考えたほうがよく、「想定外」が起こりえる状況である。

年月	台風・水害等	状況
2016.8	台風7号などによる大雨	北海道などを中心に被害、農作物にも甚大な被害
2017.7	九州北部豪雨	福岡県・大分県で集中豪雨
2018.7	7月豪雨	広島県・岡山県・愛媛県で甚大な被害、死者多数
2019.8	九州北部豪雨	長崎県・佐賀県・福岡県などで観測史上1位の大雨記録
2019.9	台風15号	千葉県を中心に甚大な被害
2019.10	台風19号	関東甲信から東北で記録的大雨、死者多数
2020.7	令和2年7月豪雨	九州や中部地方でなど各地で集中豪雨
2021.7	伊豆山土砂災害	静岡県熱海市で大雨に伴い大規模な土石流発生
2021.8	集中豪雨	鹿児島県から福島県で記録的大雨、各地で被害

＊インターネット情報などをもとに筆者作成

(2) 自分事として考える

　しかしながら、多くの生徒にとっては、やはり災害がどこか遠くの場所の話として考えられがちである。だが実際には、弘前という都市は豪雨に伴う河川の増水により繰り返し被害を受けていた。そこで、弘前市を襲った水害の記録を通して、身近な問題として認識してもらうことをねらった。1977（昭和52）年8月の記録的な豪雨では、いくつもの河川が氾濫し、市内の中心部までが浸水被害を受けている。当時の写真は、生徒たちがよく見知った場所（弘南鉄道・中央弘前駅など）がすっかり浸水している様子を伝えている。また、市内にはこのときの浸水の高さを示した標識も残されている。これらの資料は、生徒たちに大きな驚きを持って受け止められた。

　こうした水害が繰り返されたことに対して、生徒たちからは行政はどのように対応したのかといった疑問も生じてきた。市や県も手をこまねいていたわけではなく、国に働きかけ1982年度には100億円を投じた土淵川放水路（市街地を流れる土淵川が増水した場合に、岩木川へ水を流すための地下トンネル型の放水路）が竣工され、治水整備が行われている。

　しかし、放水路がつくられてから40年ほど経ち当時の想定を上回る可能性

があり、また、近年の自然災害は「想定外が常態化している」と言っても過言ではない。生徒たちも水害が再来するかもしれないという意識をもっていた。探究を進める上で自分事として捉え課題意識を持つことは前提となるだろう。

　課題意識を持ったところで、数十年に一度と言われる豪雨による水害に見舞われることを想定し、弘前市内のある特定の場所からどのような経路を通って避難するべきなのかということを検討する学習に入る。

2　情報の収集

(1) 地理院地図の活用

　防災について検討する上で、国土地理院がWeb上で提供している地理院地図は非常に有益である（「地理院地図」https://maps.gsi.go.jp）。

　まず、生徒たちには地理院地図について、その使い方を教示する必要がある。地理院地図では標準地図として、地形図が示されている。デジタルの地形図であるために、画面上で自由に拡大縮小が可能であるほか、その土地の標高を瞬時に確認することができる。また、地図の種類の「標高・土地の凹凸」にある「陰影起伏図」を見ると、立体的な感覚で土地の標高差を捉えることもできる。さらに、ツールを使うと、二つの地点を結んだ線で切った土地の断面図を見ることや二つの地点の直線距離を確認することもできる。いくつかの基本的な使い方を教えると、デジタルネイティブ世代の生徒たちは自分たちでどんどんと地理院地図の様々な機能を試していく（地理でGISの活用が進められているためにすでに地理院地図について多少の知識をもっている者もいる）。

　生徒たちは、3～4名程度のグループで標準地図（地形図）や様々な機能を活用して、指定した場所の標高、地形的特徴や周辺の状況などについての情報を確認することができた。

(2) ハザードマップを確認する

　各自治体は災害に備えてハザードマップを作成している。多くの場合、各市町村等のホームページからハザードマップを確認することができる。地形図と合わせて、弘前市のハザードマップをもとに浸水域、浸水深、土砂災害危険地域、避難所などについての情報を収集することができる（http://www.city.

hirosaki.aomori.jp/kurashi/kinkyu/hazard/bousaimap_20.pdf)。

　なお、実際の災害時には、アクセスが集中し、ネット上でハザードマップを
開くことが困難になった事例が報告されているため、授業では弘前市の各戸に
配布されている冊子状のハザードマップを用いて上記の情報を確認した。

(3) 自分の足で歩く

　これは実際には行うことができていないが、自分の足で歩き、周囲の状況を
自分の目で確認し、情報を収集することができるとなおよいであろう。

3　整理・分析

(1) どこへ避難すべきかを考える

　地図上で示した場所からの避難経路を考えていく。まずはその場所から近い
避難所を特定することが必要になる。その上でルートの選択ということになる。
　次ページ地図の★印のあたりにいることを想定してみる。各グループとも、
ハザードマップをもとに指定避難所の位置を確認していく。ハザードマップか
ら、★印の半径500ｍ以内には、西南西方向にある小学校をはじめ6か所の避
難所をすぐに確認することできた。しかし、ハザードマップをみるとそれらの
避難所がすべて浸水想定域(想定浸水深3〜5ｍ)の内側であることがすぐにわ
かる。そこで想定浸水域の外側のより安全な避難所を検討してみることになる。
すると、★印から東に向かった丘の上にある弘前城跡近くの市民会館や市役所
が想定浸水域の外側にあることに気づく。

(2) 避難経路を探る

　市民会館、市役所はいずれも、★印からは直線距離にして1.2kmほどある。
しかも、丘の上ということで、途中、急な坂を上ることになる。地理院地図を
活用して断面図を作成し、坂の様子を確認している者もいる。それによると弘
前城址に近づくと最後に15ｍ以上(5階以上)の標高差を上らなくてはならない。
さらに、最短ルート(南側にある大きな通りに出て東に進む)を取ろうとすると
途中で、過去の洪水の浸水範囲の中や土砂災害特別警戒区域を通過しなくては
ならないこともハザードマップから見いだしていた。つまり、実際に避難しよ

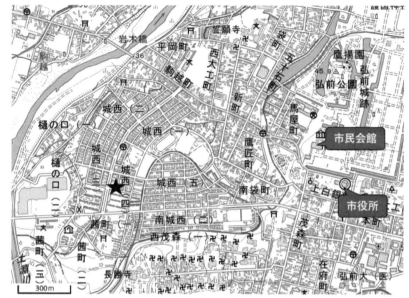

＊地理院地図をもとに作成

うとしたときにはすでに浸水していたり、土砂災害の危険性が著しく高まったりしていて通ることができない可能性にも気づいたのである。単純に最短ルートを取ることはできそうもない。ハザードマップや地形図をから様々な情報を読み取りつつ、各グループとも議論しながらよりよい避難経路を探っていく。但し、実際に避難する場合には色々なシチュエーションも考えなくてはならない。そこでさらに、いくつかの場合を想定しての避難経路を検討することを促した。車での移動は無いものとして、自分一人で避難する場合、足の弱い年寄りと一緒に避難する場合、幼稚園児のような小さな子どもを連れて避難する場合などをグループに割り振って検討を促した。

　さらに、議論がまとまってきたグループに対しては、何らかの理由で遠くの避難所へ行くことが不可能な場合の次善策の検討を促してみた。

4　まとめ

(1) 発表・意見交換

　最後に各グループがどのような避難経路を考えたのかについて、それぞれ発

表し意見交換を行うことでまとめとした。

　各グループは、自分たちのグループがどのようなシチュエーション（例えば、老人と一緒に避難など）を想定していたのか、その上で、どのような手順で避難経路の候補を考え、最終的な避難経路を決定したのか、最終決定に至るプロセスを丁寧に説明しつつ発表を行った。多くは大きく迂回するルートを選択したが、中には最短ルートを選択したグループがあった。前述のように、市民会館などへの最短ルートは過去の浸水範囲や土砂災害特別警戒区域を通過しなくてはならない。他のグループからその点についての指摘がなされる。この経路を選択した理由としては、ともかく早めの避難を心がけることにより、浸水や土砂災害の危険性を回避することができるということであった。ともかく早く避難するというのが大前提であることを再確認する意見である。

　本来ならば想定した避難経路を実際に歩いて検証してみることも必要であるが、そこまではできていない。

　今回の課題については何が正しいのかということを簡単には判断することができない。今後継続的に防災意識を持ち、いざというときにどう行動するのかが問われている。

（2）アクション

　想定した避難経路を実際に歩いて検証してみることは必要である。ハザードマップを確認するなかで、浸水想定区域の中にも指定避難所が多数設置されていることに生徒たちは気づき、なぜ避難所をそこに設置しているのか疑問を抱いている。これは避難所が地震や雪害など水害以外の災害も想定していることが理由のようであるが、水害の際には今回の課題のように遠方への避難も考えなくてはならない。果たして、避難所が浸水想定区域内に置かれていることや、水害の場合に遠方への避難を余儀なくされる実態をそのままにしてよいのだろうか。実際にできてはいないが、避難所設置のあり方を検討するよう行政に働きかけるような行動も考えられる。

【付記】
本稿は、前任の弘前大学教育学部で、自然地理学の教員の協力を仰ぎ、学生に防災の授業づくりを課し、附属中学校で実践してきたものをもとに整理したものである。

おわりに

主権者教育における探究学習の模索

　私たち、全国民主主義教育研究会(以下、全民研)の編集委員会は、中高生が積極的に社会とつながる探究学習が、全国に広がることを願ってこの出版というアクションを起こしました。全民研はこの数年間、新しい学習指導要領が告示される前から新科目「公共」導入に向けて様々な取り組みを重ねてきました。「公共」は、「現代社会」とどこが異なるのか、どのような特徴があるのかを指導要領や『解説公民編』から批判的に分析し、主権者教育として「公共」を充実させる方向を議論していました。新しい指導要領は、「主体的で対話的な深い学び」を呼びかけ、これによって授業改革を進めようとするものです。しかし全民研にとっては、公民科授業における探究的な学習の創造が会の目的そのものだったのです。

　それは、全民研が、1969年頃の「高校紛争」に際して、公民系の教員たちによって政治教育のあり方を見直そうと結成されたことに関わっています。全民研に参加した多くの教員は、生徒が積極的に意見を述べるような授業・学習方法を模索しました。学校生活においても社会に対しても、非合法の暴力で対決するのではなく、民主的な議論で政治・社会を変えようとする主権者＝生徒を育てようとしたのです。50周年誌として会が自費出版した『主権者を育てる─全民研のあゆみと課題─』の付属資料ＣＤに納められた様々な機関誌論考から、そうした探究学習を追究した取り組みを確認することができます。

　私たちが「主権者教育」と言うとき、それは生徒が社会に出てから、主権者として立派にアクションを起こせるようにする探究学習でした。現実社会で議論されているテーマを教室に持ち込むディベート学習は、リサーチを重ねて行われる模擬的論争であり、全民研が1990年代から主導してきました。そして、実際の選挙時に投票を考える模擬選挙は、2000年代初めから現実の政党や政策を考える探究学習として始まり、全民研がその先頭に立ってきていまや「公共」においても重要な活動となっています。

社会とのつながりを「見える化」し、主体的アクションを意識化する

　現在の生徒・学生の様子を見ると探究的場面がたくさんあります。疑問があ

ればスマホを出して音声入力して検索ができる。ＡＩからすぐに回答を得られるようにもなりました。しかし、これで若者の探究が増えたのでしょうか。問題はここにあります。今は、もっと広い意味と視野で社会とつながること、アクションを模索し挑み続けることが求められる。これが私たちのメッセージです。

「公共」は「社会に参画する自立した主体」の育成を意図しています。この趣旨は、本書の「総論」で言う現在のＶＵＣＡ社会において、個々人が孤立せず・自暴自棄にならず人々と協働してほしいということです。多くの人々が社会機構に参画して支えないとＶＵＣＡ社会の維持が難しいからです。それだけでなく、地球と人類の持続をめざす国際目標のＳＤＧｓをも実現しなければなりません。つまり、複雑に絡み合って存在する諸問題を解決する＝社会のあり方を変える（transform）アクションが必要な時代となっています。その意味で探究学習には、中高生が社会とのつながりを意識し関わるだけでなく、変革に参画すること、その意欲と態度、実際の行動が学習後に生まれることが期待されるのです。しかし学校としては、その期待を生徒課題にはできないし、学外における生徒の生活のあり方を直接に評価することもできません。探究学習においては、特定のアクションをとることを性急に促したり、「思考なき動員」となったりしないように配慮しなければならないでしょう。

このような点をふまえ、編集委員会がアクションを提起したわけですが、その捉え方は執筆者によって様々であり、多様な実践が可能であることが見えてきました。そこで私たちは、変革につながるアクションを広い視野で捉え直し、第2部において見取り図にまとめた上で、具体的にいろいろなアクションを例示して「見える化」してみました。第1部で提示した探究学習のプロセスを通して、生徒が社会とのつながりを意識し、深い考察を重ねながら、学習後にも自身の価値観や社会観を育てること、さらに、さまざまなレベルでアクションを起こし、社会の変革へとつなげるような力を身につけてほしいと考えたのです。

民主主義社会は、多種多様な人々による生活改善努力が互いに重なり合うことで発展する社会です。そうした人々の社会を形成してきた歴史的営みに若い生徒諸君も参画し、ともに手を携えながら新しい社会を創造していくメンバーの一員となること、私たちは、それが主権者になることであると考えています。

『社会とつながる探究学習』編集委員会（杉浦正和）

執筆者一覧（執筆順、2023 年 3 月末時点の所属・肩書、＊は編集委員）

前田輪音（まえだ りんね）　北海道教育大学准教授　　　　　　第 1 部 - 総論

中平一義（なかだいら かずよし）　上越教育大学教授　　　　　第 1 部 - 1
　　　　　　　　　　　　　　　　　　　　　　　　　　　　　第 3 部 - 4

渡邊　弘（わたなべ ひろし）　鹿児島大学准教授　　　　　　　第 1 部 - 2

村井大介（むらい だいすけ）　静岡大学講師　　　　　　　　　第 1 部 - 3

＊吉田俊弘（よしだ としひろ）　大正大学名誉教授　　　　　　　第 1 部 - 4
　　　　　　　　　　　　　　　　　　　　　　　　　　　　　第 2 部 - 総論・
　　　　　　　　　　　　　　　　　　　　　　　　　　　　　見取り図・4

＊杉浦正和（すぎうら まさかず）　武蔵大学特別招聘教授　　　　第 1 部 - 4・6
　　　　　　　　　　　　　　　　　　　　　　　　　　　　　第 2 部 - 6

＊杉浦真理（すぎうら しんり）　立命館宇治中学校・高等学校教諭　第 1 部 - 5
　　　　　　　　　　　　　　　　　　　　　　　　　　　　　第 2 部 - 1
　　　　　　　　　　　　　　　　　　　　　　　　　　　　　第 3 部 - 3・5

＊山田一貴（やまだ かずき）　埼玉県立越ケ谷高等学校教諭　　　第 2 部 - 2
　　　　　　　　　　　　　　　　　　　　　　　　　　　　　第 3 部 - 14

菅澤康雄（すがさわ やすお）　千葉県立市川工業高等学校教諭　　第 2 部 - 3

＊今　陽童（こん ようどう）　埼玉県立大宮東高等学校教諭　　　第 2 部 - 5
　　　　　　　　　　　　　　　　　　　　　　　　　　　　　第 3 部 - 21

池田賢太（いけだ けんた）　すばる法律事務所（札幌弁護士会）；弁護士　第 2 部 - 7

和田篤史（わだ あつし）　立命館中学校・高等学校教諭　　　　第 3 部 - 1

大井はるえ（おおい はるえ）　埼玉大学非常勤講師　　　　　　第 3 部 - 2

植田啓生（うえだ ひろき）　清心中学校・清心女子高等学校常勤講師　第 3 部 - 6

真野（庄司）春子（まの・しょうじ・はるこ）　同志社中学校・高等学校教諭　第 3 部 - 7

別木萌果（べっき もえか）　東京都立小川高等学校教諭　　　　第 3 部 - 8

福田秀志（ふくだ ひでし）　兵庫県立尼崎小田高等学校教諭　　第 3 部 - 9・11

野嵜雄太（のざき ゆうた）　相模原市立新町中学校教諭　　　　第 3 部 - 10

井出教子（いで のりこ）　同志社中学校・高等学校教諭　　　　第 3 部 - 12

八島朔彦（やしま さくひこ）　芝浦工業大学柏中学高等学校教諭　第 3 部 - 13

飯島裕希（いいじま ゆうき）　お茶の水女子大学附属高等学校教諭　第 3 部 - 15

和井田祐司（わいだ ゆうじ）　大阪暁光高等学校教諭　　　　　第 3 部 - 16

井田佐恵子（いだ さえこ）　駒場東邦中学校・高等学校教諭　　第 3 部 - 17

小島健太郎（こじま けんたろう）　成蹊中学・高等学校教諭　　第 3 部 - 18

山﨑裕康（やまざき ひろやす）　東京都立駒場高等学校教諭　　第 3 部 - 19

室田悠子（むろた ゆうこ）　九州国際大学付属高等学校非常勤講師　第 3 部 - 20

篠塚明彦（しのづか あきひこ）　筑波大学教授　　　　　　　　第 3 部 - 22

〈編者紹介〉
全国民主主義教育研究会
1970年の創立以来、平和で民主的な社会の主権者を育てる民主主義教育の実践と研究に取り組む。社会科・公民科教育、憲法や平和、模擬投票、若者の政治参加、SDGsなどの研究成果を収めた機関誌『民主主義教育21』(同時代社)は会の内外で注目を集めている。おもな編著には、『今日からできる 考える「公共」70時間—主体的・対話的な深い学びを実現する授業案—』(清水書院、2020年)、『主権者を育てる—全民研50年のあゆみと課題—』(資料CD付、全民研、2019年)、『18歳からの選挙Q＆A』(同時代社、2015年)、『主権者教育のすすめ—未来をひらく社会科の授業—』(同時代社、2014年)などがある。
http://demokurashi.web.fc2.com/index.html

社会とつながる探究学習
──生徒とともに考える22のテーマ

2023年4月20日　初版第1刷発行

編　者　　全国民主主義教育研究会
発行者　　　　大 江 道 雅
発行所　　　　株式会社 明石書店

〒101-0021　東京都千代田区外神田 6-9-5
電　話　　03 (5818) 1171
Ｆ Ａ Ｘ　　03 (5818) 1174
振　替　　00100-7-24505
https://www.akashi.co.jp

組版　朝日メディアインターナショナル株式会社
装丁　　　　　　　　　　　　金子　裕
印刷・製本　　　モリモト印刷株式会社

(定価はカバーに表示してあります)　　　　　　ISBN978-4-7503-5582-5

感染症を学校でどう教えるか

コロナ禍の学びを育む社会科授業プラン

池田考司、杉浦真理 編著

■A5判／並製／136頁 ◎1300円

コロナ禍が教育現場にも広がる中、子どもたちが感染症と向き合い、対処していくための教育・授業を考える本。歴史学、保健医療学、教育学、貧困政策の専門家の論考による第1部と、学校で感染症の教育・授業を行う授業プランを提供する第2部で構成。

●内容構成●

第1部 新型コロナウイルス・感染症と教育について知る

歴史家が語る、パンデミックを生きる指針［藤原辰史／聞き手：杉浦真理・池田考司］／公衆衛生・医療から考える感染症［尾島俊之］／パンデミック下の教育課程づくり［子安潤］／コロナによって出現したオンライン授業の形と未来［杉浦真理］／新型コロナウイルス感染症・経済停滞と子どもの貧困［末冨芳］／緊急時に示された子ども若者の社会参加・参画保障の重要性［池田考司］

第2部 感染症の授業プラン

感染症と共に生きる授業をしよう［佐藤広也］／聞いて・調べて・考える、新型コロナウイルスと感染症の授業［村越含博］／第1次大戦と感染症［田中龍彦］／コロナ禍の中学公民の授業［山本悦生］／感染症はなぜ広がったのか［山本政俊］／地理教育でCOVID-19をどう扱うか［泉貴久］／コロナ禍で社会のひずみが可視化された！ 新しい社会、よりよい世界を創造しよう！［福田秀志］／感染症と国際社会（パクスコロナ）はどんな世界？［藤川瞭］／ポストコロナ期に求められる教育［山口歩］

社会科アクティブ・ラーニングへの挑戦
社会参画をめざす参加型学習
風巻浩著 ◎2800円

授業づくりで 子どもが伸びる、教師が育つ、学校が変わる
「授業づくり・学校づくりセミナー」における「協同的学び」の実践
石井順治編著 小畑公志郎、佐藤雅彰著 ◎2000円

18歳成人社会ハンドブック 制度改革と教育の課題
田中治彦編著 ◎2500円

国際セクシュアリティ教育ガイダンス【改訂版】
科学的根拠に基づいたアプローチ
ユネスコ編 浅井春夫、艮香織、田代美江子、福田和子、渡辺大輔訳 ◎2600円

子どもの権利条約と生徒指導
川原茂雄著 ◎2100円

かわはら先生の教師入門
「教師ブラック時代」を生き抜くために
川原茂雄著 ◎2000円

かわはら先生の憲法出前授業 よくわかる改憲問題
高校生と語りあう日本の未来
川原茂雄著 ◎1400円

高校教師かわはら先生の原発出前授業【全3巻】
川原茂雄著 ◎各巻1200円

〈価格は本体価格です〉